Aljoscha A. Schwarz
Ronald P. Schweppe

Gesund und fit mit Walking

Aljoscha A. Schwarz
Ronald P. Schweppe

Gesund und fit mit Walking

mvg verlag

Die Deutsche Bibliothek – CIP-Einheitsaufnahme

Schwarz, Aljoscha A.:
Gesund und fit mit Walking / Aljoscha A. Schwarz und Ronald P. Schweppe. [Photos: Wolfgang Pfau]. – München ; Landsberg am Lech : mvg-verl., 1994
(mvg-Paperbacks ; 499)
ISBN 3-478-08499-7
NE: Schweppe, Ronald P.:; GT

Das Papier dieses Taschenbuchs wird möglichst umweltschonend hergestellt und enthält keine optischen Aufheller.

Umschlaggestaltung: Gruber & König, Augsburg
Photos: Wolfgang Pfau
Satz: Fotosatz H. Buck, 84036 Kumhausen
Druck- und Bindearbeiten: Presse-Druck Augsburg
Printed in Germany 080 499/794602
ISBN 3-478-08499-7

Inhalt

Einführung: Walking – die neue Fitneßbewegung

Die Fitneßbewegungen der letzten Jahre haben zu einem neuen Gesundheits- und Körperbewußtsein geführt. Auch wenn Fitneßwellen wie Jogging, Bodybuilding oder Aerobic oft kritiklos angenommen wurden und sich so manch einer im Fitneßfieber gesundheitliche Schäden zugezogen hat, darf doch nicht vergessen werden, daß körperliche Betätigung und Sport in hochzivilisierten Staaten von großer Bedeutung sind. Bei allen negativen Aspekten, die die Vermarktung von Fitneßwellen mit sich bringt, bleibt doch unter dem Strich die Tatsache bestehen, daß jeder, der etwas für seinen Körper tut – sei es durch Jogging, Schwimmen, Aerobic oder Fitneßtraining –, in der Regel gesünder, vitaler und leistungsfähiger ist als seine „unsportlichen" Mitmenschen.

Die unvermeidbare Lebensweise, zu der der moderne Mensch verdammt zu sein scheint, ist ein Mangel an Bewegung, der auf Dauer zahlreiche Schäden für Leib und Seele mit sich bringt. Hinzu kommen Faktoren wie etwa ungünstige Ernährung oder Streß am Arbeitsplatz, die den Menschen belasten, ihn übergewichtig, krank und schließlich auch unglücklich werden lassen.

Es ist daher kein Wunder, daß immer mehr Menschen, die noch über ein gewisses Gespür für ihre menschlichen Bedürfnisse verfügen – und dazu zählen eben auch Wohlbefinden, Gesundheit und Lebensfreude –, nach Ausgleich suchen.

Aus dem „Land der unbegrenzten Möglichkeiten" ist nun eine neue Sportart, eine Fitneßwelle zu uns gelangt: *Walking*, zu deutsch „Gehen".

Verständlicherweise wird der ein oder andere die zahlreichen Massenbewegungen skeptisch betrachten, die sich von Amerika ausgehend auch zunehmend bei uns breitmachen. Schließlich ist nicht alles, was die Massen bewegt, auch immer sinnvoll und nützlich.

Wie sieht es nun mit der neuen Fitneßwelle – dem Walking – aus, und was ist Walking überhaupt?

Walking ist nicht mit der leichtathletischen Disziplin „Gehen“ zu verwechseln. Allerdings ist Walking auch mehr als nur Spazierengehen, denn es bezeichnet eine spezielle Gehweise, die zügig und kraftvoll ausgeführt wird und die eine gute Gehtechnik erfordert, wie wir sie in diesem Buch genau beschreiben werden. Außerdem ist beim Walking die Forderung nach regelmäßigem systematischem Training zu beachten. Wer einmal die Woche einen kleinen Spaziergang macht, ist also noch lange kein „Walker“.

Dennoch ist Walking tatsächlich die einfachste und natürlichste Sportart, die man sich vorstellen kann. Walking benötigt, abgesehen von guten Schuhen, keine besondere Ausrüstung, keinen Sportplatz und keine teuren Geräte. Walking kann überall durchgeführt werden, sei es im Wald, im Park, im Urlaub, ja sogar auf den Gehwegen und in der Stadt ist Walking möglich. Auch ist Walking an keine Jahreszeit gebunden.

Was Walking aber darüber hinaus eine so große Popularität verschafft hat, ist die Tatsache, daß es von jedem praktiziert werden kann. Unabhängig von Alter, Kondition oder Flexibilität kann nämlich jeder Walking betreiben. Selbst Menschen, die sich bisher als äußerst unsportlich eingestuft haben oder die aufgrund ihres Gesundheitszustandes von den meisten Sportarten absehen müssen, finden im Walking eine optimale Möglichkeit, etwas für sich und ihre Fitneß zu tun.

Die gesundheitlichen Auswirkungen des Walking wurden inzwischen in medizinischen Studien untersucht und hoch gelobt. Man muß bedenken, daß mittlerweile über 60 Millionen Amerikaner Walking betreiben, ohne daß nur ein einziger Fall bekannt geworden wäre, in dem das Walkingtraining zu einer Schädigung der Gesundheit geführt hätte. Leider trifft dies auf die 2,5 Millionen Jogger in Deutschland wie auch die über zwei Millionen Fitneß-Studio-Mitglieder nicht zu!

Die Belastungen, die bei anderen Sportarten auf Sehnen, Gelenke, den Bewegungsapparat oder auf das Herz-Kreislauf-System einwirken, sind teilweise höchst bedenklich. Auf diese Tatsache haben Ärzte auch immer wieder aufmerksam gemacht. Während es also in nahezu allen Sportarten immer wieder zu Verletzungen kommen kann, ist dies beim Walking so gut wie ausgeschlossen.

Walking ist sowohl vollkommen ungefährlich als auch sehr wirksam. So wurde kürzlich in einer Fernsehsendung berichtet, daß man beim Walking eine optimale Durchblutung, Sauerstoffzufuhr und Aktivierung des Kreislaufs erreicht und daß der Kalorienverbrauch bei der Ausübung dieser Sportart höher ist als beim Joggen. Walking ist also der einfachste Weg, um zu seinem Idealgewicht zu finden. Erfahrungsgemäß normalisiert sich bei Übergewichtigen der Appetit, wenn sie mit dem Walking beginnen, da durch das regelmäßige Bewegungstraining die Regulationsmechanismen des Körpers besser funktionieren.

Durch konsequentes Walking wird aber nicht nur die Durchblutung gefördert, der Kreislauf harmonisiert und das Körpergewicht normalisiert, sondern es werden auch Muskeln, Sehnen und Gelenke gestrafft und gestärkt. Durch die vertiefte Atmung an der frischen Luft wird überdies die Atemkapazität erhöht und die Immunabwehr verbessert. Walker erkälten sich bei weitem nicht so leicht wie bewegungsarme „Normalbürger".

Wir werden in diesem Buch deutlich machen, daß Walking nicht umsonst als die ideale Fitneßmethode bezeichnet wird. Unabhängig davon, ob Sie bereits Sport betreiben oder ob Sie sportlichen Betätigungen bisher ablehnend gegenüberstanden – Walking wird Ihr Leben verändern. Durch die Einfachheit und Natürlichkeit dieser Sportart werden Sie die Freude an der Bewegung wiederentdecken, Sie werden Ihr Aussehen verbessern und Ihr Wohlbefinden, und zwar auch das seelische, steigern. Sie werden ein neues Körperbewußtsein entwickeln und ohne Leistungswahn und schweißtreibende Anstrengungen zur Entwicklung Ihrer Fitneß und zur Steigerung Ihrer Gesundheit beitragen.

Daß wir Ihnen nicht zuviel versprechen, werden Sie schon in kurzer Zeit selbst erfahren können – allerdings: Walken müssen Sie selbst, wir können Ihnen nur „auf die Sprünge" helfen. Beginnen Sie noch heute, und lassen Sie sich von den vielfältigen positiven Wirkungen dieser neuen Fitneßmethode überraschen!

Kapitel 1: Warum Walking?

Walking – die einfachste und natürlichste Übung der Welt

Gehören Sie auch zu den Menschen, die gerne etwas für ihre Gesundheit tun möchten, die vielleicht ihr Körpergewicht reduzieren wollen oder die mit ihrem derzeitigen Fitneßzustand aus irgendwelchen Gründen nicht so recht zufrieden sind? Sicher haben Sie sich dann auch schon oft überlegt, was Sie in diesen Fällen unternehmen könnten. Daß eine Verbesserung des gesundheitlichen Zustandes, eine Erhöhung der eigenen Fitneß oder auch eine nachhaltige Gewichtsreduktion letztlich nur zu erreichen ist, wenn man sportliche Betätigung mit einer passenden Ernährungsweise kombiniert, hat sich inzwischen allgemein herumgesprochen.

Es kann aber durchaus problematisch sein, eine geeignete Sportart für sich zu finden. Hinzu kommt, daß einige Sportarten leider auch mit Gefahren verbunden sind, so daß man sie nicht ohne weiteres empfehlen kann. Was nämlich für den einen gut und richtig ist, kann für den anderen unter Umständen überaus nachteilig und manchmal sogar gefährlich sein.

Es gibt tatsächlich nur sehr wenige Sportarten, die uneingeschränkt für alle Menschen zu empfehlen sind. Denn schließlich muß man bedenken, daß nicht nur junge, vitale Menschen Sport ausüben wollen. Auch ältere Menschen oder solche, die bisher jegliche Art von sportlicher Betätigung gemieden haben, möchten vielleicht einmal ausprobieren, ob sie sich nicht doch mit irgendeinem Sport anfreunden können, um auf diese Weise ihre Fitneß zu verbessern. Und auch kranke Menschen sollten eine Möglichkeit haben, durch Sport ihrer Gesundheit etwas Gutes zu tun.

Grundsätzlich ist eine Sportart um so ungefährlicher und daher auch um so empfehlenswerter, je natürlicher und einfacher die Bewegungen sind, die man dabei ausführt. So sind beim Tennis beispielsweise wesentlich komplexere Bewegungen erforderlich als etwa beim Radfahren oder Schwimmen. Dies erklärt auch, warum es im Vergleich dazu beim Tennis öfter zu Verletzungen kommt.

Man muß hierbei einmal davon absehen, daß man bei einem Verkehrsunfall vom Rad stürzen und sich dabei Verletzungen zuziehen könnte, die aber nichts mit der relativ natürlichen Bewegungsweise des ,,Pedaletretens" zu tun haben und daher wohl kaum als Sportverletzung eingeordnet werden können.

Sind also Radfahren, Schwimmen oder auch Jogging bereits relativ einfache und natürliche Bewegungs- und Sportarten, so ist Walking dennoch die mit Abstand natürlichste und einfachste Art, sich rundum fit zu halten.

Was könnte dem Menschen schließlich näherliegen, als die Fortbewegung auf seinen zwei Beinen? Gerade dadurch unterscheidet er sich ja auch vom Tier. Das Gehen ist dem Menschen so vertraut wie das Liegen, Stehen oder Sitzen. Schon der Urmensch bewegte sich auf zwei Beinen fort, und das Kind erlernt das Gehen bereits, bevor es noch richtig sprechen kann.

Die gesamte Menschheit hat sich auf unserem Planeten mittels ihrer Füße und Beine ausgebreitet. Es ist noch gar nicht so lange her, da mußten die Menschen zu Fuß gehen, um ins nächste Dorf zu gelangen.

Würden heutzutage noch ähnliche Verhältnisse herrschen wie damals, so brauchte wohl niemand ein Buch über Walking zu schreiben. Allerdings hätte sich die Zivilisation dann auch nicht in dem Maße entwickelt, wie wir sie heute vorfinden, was wiederum einige andere große Nachteile hätte. Denken wir dabei nur einmal an die enormen Fortschritte in der Medizin.

Wenn wir also auf der Suche nach einer möglichst natürlichen und einfachen Sportart sind, so werden wir ohne Zweifel irgendwann auf Walking stoßen. Walking ist mehr als Gehen. Walking beinhaltet nämlich, mit einer bestimmten Technik über eine bestimmte Trainingszeit mit möglichst passender Bekleidung – und insbesondere möglichst optimalen Schuhen – zu gehen.

Um den gewünschten Trainingseffekt zu erzielen, muß man eben doch einige Dinge berücksichtigen, die aus dem schlichten Gehen erst eine neue Sportart wie Walking machen. Dennoch gilt, daß der Bewegungsablauf beim Walking prinzipiell derselbe ist wie beim Gehen, was Walking zu einer besonders einfachen und jedermann zugänglichen Methode macht.

Walking – ein Sport für jede Gelegenheit

Sie können wirklich überall Walking betreiben, draußen und drinnen, im Park oder zu Hause.

Vielleicht wundern Sie sich darüber, daß wir sagen, man könne auch zu Hause walken? Immerhin heißt Walking wörtlich übersetzt doch „Gehen". Und eine Wanderung in der eigenen Wohnung kann ja nun in der Tat nicht sehr ausgedehnt und auch nicht besonders spannend sein.

Es gibt tatsächlich zwei Möglichkeiten, Walking zu betreiben, die beide ihren Sinn und ihre eigene Berechtigung haben.

Die erste, ursprüngliche Form des Walking ist das *Outdoor Walking*, also das schnelle Gehen draußen, im Park, durch den Wald oder auch in der Stadt. Der Bewegungsablauf entspricht etwa dem, den Sie beim gewohnten, aber beschleunigten Gehen ausführen. Dieser Bewegungsablauf wird im Kapitel „Walking – die Praxis" noch eingehend beschrieben werden.

Beim Outdoor Walking steht eine ganzheitliche Verbesserung der Fitneß im Vordergrund. Sie bewegen sich auf natürliche und schonende Art und Weise an der frischen Luft. Durch eine allmähliche Steigerung der Dauer Ihres Walking-Trainings wird Ihr Kreislauf immer belastbarer.

Die zweite Form des Walking ist auf engstem Raum, zu Hause, im Büro, im Garten – wo Sie gerade Lust und Zeit haben – möglich. Unter dieser Form versteht man die *Walking-Workouts*. Workout ist Bewegungsübungen oder Gymnastik vergleichbar; die Übungen werden auf der Stelle – möglichst mit Musik – ausgeführt und dienen dem gezielten Training von Muskeln, Kondition oder Flexibilität. Die Walking-Workouts sind nun Übungen, die von den Bewegungsabläufen, die auch beim Outdoor Walking stattfinden,

Gebrauch machen. Im Gegensatz zu Aerobic, Jazz Dance oder anderen Workouts sind die Walking-Workouts besonders schonend für die Gelenke, obwohl sie denselben Trainingserfolg erzielen. Das erklärt auch, weshalb Walking-Workouts in Fitneßstudios immer beliebter werden. Im Kapitel „Walking-Workouts" werden wir spezielle Workouts für Kondition, Kraft, Flexibilität und Koordinationsvermögen vorstellen.

Der Vorteil der Walking-Workouts liegt vor allem darin, daß Sie die Workouts jederzeit und an nahezu jedem Ort durchführen können. Sie müssen dazu also nicht ins Fitneßstudio gehen – manchen Menschen liegt es eben mehr, ihr Training an einem vertrauten Ort und mit motivierender Musik durchzuführen.

	Outdoor Walking	**Walking-Workouts**
Wo?	draußen	drinnen oder draußen
Wie?	schnelles Gehen mit einer besonderen Technik	spezielle Übungen ohne Fortbewegung, die Gebrauch von den natürlichen Bewegungen beim Gehen machen
Wozu?	zur Steigerung der allgemeinen Fitneß und Leistungsfähigkeit	zum gezielten Training: Muskelaufbau, Kondition, Koordination oder Flexibilität

Walking – der sanfte Weg zu Schlankheit und Wohlbefinden

Wenn wir in diesem Buch von Walking sprechen und damit den amerikanischen Begriff übernehmen, so haben wir hierfür gute Gründe. Es ist nämlich gar nicht so einfach, ein deutsches Wort für Walking zu finden. Walking ist nach einem modernen, vernünftigen System aufgebaut. Dabei wird nicht nur auf korrekten Laufstil und gutes Schuhwerk geachtet, sondern es gibt auch festgelegte Methoden, mit denen man seinen eigenen Fitneßzustand feststellen und seine Fitneß systematisch und langsam aufbauen und steigern kann. Walking im Freien wird noch mit ergänzenden Übungen, den sogenannten Workouts, kombiniert, und zusätzlich werden auch vorbereitende Stretching- und Aufwärmübungen angeboten.

Walking ist also nicht mit Spazierengehen oder gar mit dem gesellschaftlichen Promenieren zu vergleichen, denn es ist schon eine gewisse Anstrengung notwendig, die erst aus einer natürlichen Fortbewegungsart eine Fitneßmethode macht. Trotzdem ist Walking so sanft, daß es nicht mit der Leichtathletik-Disziplin des Gehens zu vergleichen ist. Bei dieser olympischen Disziplin kommt es zu einer extremen Belastung der Bandscheiben und Hüftgelenke, da für das Gehen starke Kippbewegungen des Beckens notwendig sind.

Auch ist Walking nicht einfach mit ,,wandern" zu übersetzen, denn eine Wanderung ist ein recht aufwendiges Unterfangen, das eine gründliche Planung, eine gute Ausrüstung und vor allem mindestens einen ganzen Tag Zeit erfordert. Im Gegensatz dazu ist Walking eine Sportart, die jederzeit in den Tagesablauf eingebaut werden kann, weil sie eben nicht viel Zeit erfordert und auch ohne besondere Ausrüstung auskommt, wenn man einmal davon absieht, daß es sicherlich sinnvoll wäre, bequeme Kleidung zu tragen und sich ein paar gute Laufschuhe anzuschaffen.

Es könnte nun der Eindruck entstehen, daß Walking für eine Steigerung der Fitneß und für die Gewichtsabnahme nur wenig wirkungsvoll sein kann, da es doch so einfach und kaum mit Anstrengungen verbunden ist. Genau das Gegenteil ist jedoch der Fall.

Der Begriff Fitneß bezeichnet ja in erster Linie eine gute körperliche Verfassung bzw. Leistungsfähigkeit. Dies beinhaltet eine gute Ausdauer wie auch eine gewisse Muskelkraft und Beweglichkeit. Der Schwerpunkt moderner Fitneßmethoden liegt dabei jedoch auf dem Ausdauertraining, das auch als aerobes Training bezeichnet wird. Jeder dürfte schon vom Begriff ,,Aerobic" gehört haben, der darauf hindeutet, daß es sich hierbei vor allem um ein Ausdauertraining handelt. Jogging, Schwimmen, Radfahren, Aerobic und vor allem auch Walking gehören somit zu den aeroben Trainingsarten, die den Körper optimal mit Sauerstoff versorgen, das Herz-Kreislauf-System trainieren und die Kondition erhöhen. Für einen guten Gesundheitszustand ist die Entwicklung der Ausdauer wesentlich wichtiger als die Entwicklung der Kraft oder Flexibilität.

Bei kraftbetonten Sportarten wie Bodybuilding, Gewichtheben oder Kugelstoßen kommt es darauf an, für kurze Zeit hohe Kraft einzusetzen, wodurch insbesondere die Muskulatur, genaugenommen die Muskelmasse, aufgebaut wird. Im Gegensatz dazu sind aerobe Sportarten besonders dazu geeignet, die allgemeine Fitneß zu steigern, wobei es nicht auf große Kraft ankommt.

Aerobes Training erfordert nur eine geringe Belastung der Muskulatur. Allerdings sollte diese geringe Belastung mindestens 15–20 Minuten aufrechterhalten werden. Wenn Sie also radfahren, schwimmen oder walken, und dies nicht nur zum Spaß, sondern auch im Hinblick auf einen Trainingseffekt, so sollten Sie etwa 20–30 Minuten dafür investieren.

Walking ist das ideale Fitneßtraining, da man ohne Probleme 20 Minuten und mehr walken kann, was beim Jogging schon nicht mehr jedem leichtfallen dürfte. Die Steigerung der Pulsfrequenz, die beim Walking eintritt, reicht vollkommen aus, um alle positiven Auswirkungen einer modernen Fitneßmethode zu erreichen. Einer der wohl angenehmsten „Nebeneffekte" beim Walking ist, daß dabei relativ viel Kalorien verbraucht werden.

Während man beispielsweise beim Stehen 80 kcal in der Stunde verbraucht, sind es bei einem langsamen Spaziergang schon um die 180 kcal, beim einigermaßen flotten Walking bereits 320 kcal, wobei man dies durch höheres Tempo steigern kann.

Damit liegt man beim Walking bei einem Kalorienverbrauch, der den Kalorienverbrauch bei Gymnastik, Tanzen oder Tischtennisspielen noch übersteigt.

Im Vergleich dazu werden beim Jogging zwar um die 600 bis 650 kcal pro Stunde verbraucht, jedoch hat sich inzwischen herausgestellt, daß der Gesamtkalorienverbrauch beim Jogger dennoch unter dem des Walkers liegt. Es ist nämlich zu bedenken, daß

für die meisten von uns das Jogging so nach etwa 10 – 15 Minuten äußerst anstrengend wird, während es kaum jemandem Probleme bereiten dürfte, eine halbe Stunde oder auch einmal eine Stunde zu walken. Der Zeitfaktor ist aber letztlich entscheidend für den Kalorienverbrauch.
Interessant ist übrigens auch, daß der Kalorienverbrauch noch Stunden nach dem Walkingtraining leicht erhöht ist. Walking ist daher als optimale Trainingsmethode anzusehen, die auf sanfte Weise unsere Fitneß erhöht, uns darüber hinaus von überflüssigen Pfunden befreit und uns somit schlank und schön macht.

Walk Dich gesund!

Da wir im weiteren Verlauf dieses Buches noch genau auf die Auswirkungen des Walking auf unseren Organismus, unsere Psyche und unseren Geist eingehen werden, wollen wir uns an dieser Stelle damit begnügen, einen Überblick über die wichtigsten Auswirkungen des Walkingtrainings zu geben.

Im Prinzip wirkt sich Walking genauso aus wie andere aerobe oder Ausdauersportarten, wobei die Verletzungsgefahr allerdings wesentlich niedriger liegt. Ob es Ihnen beim Walking letztlich um die Erhöhung Ihrer Fitneß oder um die Verbesserung Ihres Aussehens beziehungsweise Ihres Leistungsvermögens geht, ist eigentlich gleichgültig. Wichtig ist lediglich, daß sich Walking positiv auswirkt.

Inzwischen gibt es genügend Studien, die dies belegen konnten. Walking stärkt das Herz und stabilisiert den Kreislauf, wodurch bereits zahlreiche Erkrankungen vermieden werden können. Ferner wird beim Walking die Atmung intensiviert und damit die Lungenkapazität erhöht. Davon profitieren sämtliche Körperzellen, da ihre Sauerstoffversorgung erheblich gesteigert wird.

Daß Walking auch die Fettverbrennung fördert, haben wir ja bereits erwähnt. Es kommt natürlich unserer Eitelkeit zugute, daß wir durch Walking schlank werden. Viel wichtiger ist es jedoch zu wissen, daß Fettleibigkeit unsere Lebenserwartung verkürzt und zahlreiche Erkrankungen begünstigt. Daher ist der Abbau von Körperfett, der beim Walking auftritt, in doppelter Hinsicht zu begrüßen.

Durch Walking wird erhöhter Blutdruck gesenkt, darüber hinaus können wir durch regelmäßiges Training auch unsere Immunabwehrkräfte stärken. Dies hat zur Folge, daß wir weniger anfällig für Infektionskrankheiten wie Erkältungen und grippale Infekte werden. Abgesehen von den positiven Auswirkungen, die Walking auf unseren Organismus hat, und abgesehen vom Kalorienverbrauch und der Erhöhung unserer Fitneß und Ausdauer, wirkt sich Walking auch noch positiv auf unsere Psyche und unseren Geist aus.

So wird durch regelmäßiges Walkingtraining Streß abgebaut. Dabei können wir wieder lernen, uns tiefer zu entspannen, und deshalb werden wir wiederum besser schlafen. Aber auch die Lebensfreude wächst durch Walking, da Walking unsere persönliche Energie erhöht.

Unser psychisches Befinden ist bekanntlich stark von unserem körperlichen Zustand abhängig. Oft besteht die einzige Möglichkeit, psychische Probleme in den Griff zu bekommen, darin, sich auf seinen Körper zu konzentrieren. Auf dieser Erkenntnis beruhen auch östliche Systeme wie Yoga oder Tai Chi.

Die vielfältigen Auswirkungen von Sport auf Körper, Seele und Geist sind sicherlich noch ungenügend erforscht. Aber selbst das wenige, das man heute schon weiß, zeigt uns die Zusammenhänge, die zwischen körperlicher Betätigung, seelischer Ausgeglichenheit und geistiger Klarheit bestehen. Wird einer dieser Pole vernachlässigt, so wird es schwierig, einen harmonischen Zustand zu erreichen. Walking stellt eine einfache Methode dar, die zwar am Körper ansetzt, die sich aber letztlich auf alle Bereiche unserer Persönlichkeit positiv auswirkt. Falls Sie nun noch Zweifel haben sollten, so lesen Sie sich die folgenden zehn Gründe, die für das Walkingtraining sprechen, doch einfach einmal durch:

Zehn gute Gründe, um sofort mit dem Walking-Training zu beginnen

1. Der Bewegungsablauf beim Walking ist äußerst einfach und unkompliziert. Sie brauchen sich also nicht lange mit dem Erlernen schwieriger Techniken aufzuhalten, sondern können gleich „loswalken“.
2. Walking ist vollkommen ungefährlich. Sie brauchen keine Angst vor Verletzungen oder unangenehmen Nebenwirkungen zu haben. Trotzdem sollten Sie natürlich langsam anfangen und vor allem am Anfang nicht übertreiben.
3. Für Walking wird keine teure Ausrüstung benötigt. Achten Sie lediglich darauf, gute Schuhe und bequeme Kleidung zu tragen.
4. Sie brauchen für Walking keinen Trainingspartner und sind deshalb auf niemanden angewiesen. Sie können aber auch mit Freunden oder mit der Famlie walken, wenn Ihnen dies eher zusagt.
5. Da Walking weder an eine bestimmte Jahreszeit noch an einen bestimmten Ort, wie etwa ein Sportstadion, gebunden ist, kann man jederzeit und überall walken.
6. Durch Walking trainieren Sie auf sanfte Weise das Herz-Kreislauf-System, die Kondition und die allgemeine Fitneß.
7. Durch Walking können Sie überflüssige Pfunde loswerden. Da beim Walking auch die Bein- und Bauchmuskulatur gestärkt und gestrafft wird, wirkt sich regelmäßiges Walkingtraining positiv auf Ihr Aussehen aus.
8. Durch Walking können Sie die Sauerstoffversorgung erhöhen, die Immunabwehrkräfte steigern und den meisten Zivilisationskrankheiten vorbeugen.
9. Walking ist eine ausgezeichnete Ergänzung zu anderen Sportarten.
10. Last but not least wird Walking Ihren Kontakt zur Natur verstärken. Sie werden lernen, Ihren Körper wieder richtig wahrzunehmen und zu spüren. Auch Ihr psychisches Befinden wird sich positiv verändern, da Walking nicht zuletzt auch ein Weg zu mehr Lebensenergie und mehr Lebensfreude ist.

Kapitel 2: Zur Physiologie des Walking

Walking und der Kreislauf

Der Blutkreislauf versorgt die Zellen unseres Körpers mit den Nährstoffen, die sie benötigen, und vor allem auch mit Sauerstoff. Das Herz erfüllt dabei die Funktion einer Pumpe, die das Blut durch das weitverzweigte Netz der Arterien und Venen treibt.

Von der rechten Seite des Herzens wird das Blut in die Lungen gepumpt, wo es Kohlendioxyd abgibt und Sauerstoff aufnimmt. Von den Lungen fließt das sauerstoffreiche Blut zurück zum Herzen, in den linken Vorhof, dann in die linke Herzkammer. Durch die Aorta wird das Blut dann in die Arterien und in diesen durch den Körper gepumpt, wo es seinen Sauerstoff und die Nährstoffe, die es aufnimmt, an die Zellen abgibt. Das sauerstoffarme Blut sammelt sich dann wieder in den Venen, die es zum rechten Herzen zurückleiten.

Wie gut der Kreislauf funktioniert, hängt von einer Vielzahl von Faktoren ab. Je trainierter das Herz ist, desto größer ist sein Volumen und desto mehr Blut – und das heißt auch Sauerstoff und Nährstoffe – kann es bei einer Pumpbewegung durch den Körper schicken.

Es kommt aber auch auf den Zustand der Blutgefäße an. Sind sie zu eng, steigt der Blutdruck an, was im Extremfall zur Schädigung der Gewebe, besonders Herz, Nieren und Gehirn, führen kann.

Bluthochdruck ist das Paradebeispiel für eine sogenannte „Zivilisationskrankheit“. Bewegungsmangel, Übergewicht und Streß sind die Hauptursachen für Bluthochdruck.

Ein krankhafter Bluthochdruck besteht bei Blutdruckwerten von > 140/> 90. Die normalen Blutdruckwerte sehen Sie in der folgenden Tabelle:

Alter	Blutdruckwerte
20 – 30 Jahre	110/75
30 – 40 Jahre	125/80
40 – 60 Jahre	135/85
> 60 Jahre	140/90

Wenn Ihr Blutdruck über diesen Normalwerten liegt, sollten Sie versuchen, etwas dagegen zu tun. Rauchen Sie weniger, essen Sie weniger fett, bewegen Sie sich etwas mehr und laden Sie sich vor allem nicht so viel Streß auf.

Mit Walking können Sie nicht nur Ihren Blutdruck allmählich auf gesündere Werte bringen, sondern sie trainieren Ihren gesamten Kreislauf, einschließlich des Herzmuskels. Sie regulieren Ihren Hormonhaushalt, bauen Streß ab, normalisieren Ihr Gewicht und belasten Ihren Kreislauf auf schonende Art und Weise.

Wenn Sie einen sehr hohen Blutdruck haben, werden Sie das alles natürlich nicht über Nacht erreichen können. Wenn Sie jedoch regelmäßig nach den Trainingsplänen für Outdoor Walking und Walking Workouts (insbesondere den Condition Workout) trainieren, werden Sie und Ihr Arzt in einigen Monaten darüber staunen, wie sehr sich Ihre Gesundheit verbessert hat.

Wenn Sie unter Bluthochdruck leiden, sollten Sie in jedem Fall ruhig an das Training herangehen. Beginnen Sie eine Stufe tiefer, als in den Trainingsplänen für Ihren Fitneßlevel angegeben ist.

Sie sollten auch des öfteren Ihren Trainingspuls kontrollieren. Der optimale Wert ist abhängig vom Alter und natürlich vom Gesundheitszustand. In der folgenden Tabelle finden Sie Richtwerte, an die Sie sich halten können.

Alter	Maximale Pulsfrequenz	Maximaler Trainingspuls	Optimaler Trainingspuls	Unterer Trainingspuls
20	190	160	145	115
30	180	155	140	110
40	170	145	135	105
50	160	140	125	100
60	150	140	120	95

Am einfachsten können Sie Ihren Puls mit einem Herzfrequenzmeßgerät kontrollieren. Sie können aber auch den Puls sechs Sekunden lang zählen und dann mal zehn nehmen.

Sie sollten sich hauptsächlich zwischen dem optimalen und dem unteren Trainingspuls bewegen. In diesem Bereich ist der Trainingserfolg am besten und am gesündesten.

Walking und die Atmung

Der Atem versorgt unseren Körper mit Sauerstoff. Ohne dieses Element können wir nicht leben. Wir können wochenlang fasten, einige wenige Tage nichts trinken, doch ohne Sauerstoff können wir nur wenige Sekunden auskommen. Der Sauerstoff ist der Treibstoff, den unsere Zellen benötigen, um zu funktionieren. In den Zellen verbinden sich andere Elemente mit Sauerstoff, es kommt zur Oxydation. Dabei wird Energie frei.

Die Sauerstoffaufnahme erfolgt in den Alveolarbläschen in den Lungen, wo der Sauerstoff der Atemluft ins Blut übergeht. Dort wird auch Kohlendioxyd vom Blut abgegeben und ausgeatmet.

Aus einem Liter Luft werden etwa 40 ml Sauerstoff aufgenommen. Etwa 250 ml Sauerstoff pro Minute benötigt ein Erwachsener in Ruhe. Das heißt, daß schon im Ruhezustand mindestens 6 Liter Atemluft pro Minute durch unsere Lungen strömen müssen.

Bei körperlicher Arbeit steigt der Sauerstoffbedarf jedoch steil an. Diesen Bedarf können wir durch schnellere Atmung und größere Atemtiefe decken. Je mehr Sauerstoff wir aufnehmen können, desto höher liegt unsere Leistungsgrenze.

Da viele Menschen verlernt haben, richtig tief zu atmen, kann man oft schon allein durch Atemübungen seine Fitneß verbessern. Solche Übungen finden Sie in Büchern über Atemtechnik oder Yoga.

Grundsätzlich gilt, daß die meisten Menschen zu wenig Wert auf die Ausatmung legen. Es bleibt immer eine gewisse Menge Restluft in der Lunge zurück; doch wenn die Menge der verbrauchten, sauerstoffarmen Restluft zu groß wird, kann natürlich auch nicht so viel frische, sauerstoffreiche Luft in die Lungen einströmen. Auf das Ausatmen sollte also besonders Wert gelegt werden – wenn Sie tief ausatmen, erfolgt eine tiefe Einatmung nahezu automatisch.

Durch tägliches Walking-Training verbessern Sie Ihre Sauerstoffaufnahme. Der Bewegungsablauf beim Walking unterstützt nämlich einerseits die Atembewegung, andererseits erhöht sich die Lungenkapazität, d.h. die Lunge kann mehr Luft aufnehmen.

Walking und der Bewegungsapparat

Bei jeder Bewegung machen wir Gebrauch von einer großen Anzahl von besonderen „Einrichtungen" unseres Körpers: von Muskeln, Gelenken, Sehnen, Bändern usw. Walking ist eine hervorragende Methode, unseren komplizierten Bewegungsapparat fit und gesund zu erhalten.

Muskeln

Diese besondere Gewebeart ist darauf spezialisiert, sich bei bestimmten Nervenimpulsen zusammenzuziehen. Es gibt drei Arten von Muskulatur:

- Die glatte Muskulatur. Sie unterliegt nicht unserem Willen, ermüdet nicht und kann auch nicht trainiert werden. Die glatte Muskulatur kommt in der Wand von Magen, Darm, Harnblase und Blutgefäßen vor.
- Die Herzmuskulatur. Wir können sie nicht direkt willentlich beeinflussen. Durch körperliche Betätigung kann der Herzmuskel jedoch trainiert werden. Bei einem trainierten Herzen sind Kraft und Pumpleistung erhöht, was bedeutet, daß das Herz bei Anstrengungen nicht so schnell schlagen muß, um den Körper ausreichend mit Blut und Sauerstoff zu versorgen.
- Die quergestreifte (Skelett-)Muskulatur: Dies sind die Muskeln, die uns Bewegung ermöglichen. Sie setzen an den Knochen an und bewegen diese, indem sie sich zusammenziehen. Diese Muskeln sind natürlich willkürlich bewegbar und können gut und auch ganz gezielt trainiert werden.

Mit Walking können die Muskeln sowohl auf Kraft (vor allem mit dem Power Workout) als auch auf Kondition trainiert werden, ohne daß man sie überlastet oder Gelenke schädigt.

Wenn Muskeln überlastet werden, ermüden sie. Wenn die Durchblutung nicht ausreicht, die anfallenden Stoffwechselprodukte – Kohlensäure, Milchsäure, Kreatin usw. – abzutransportieren, lassen ihre Kontraktionsfähigkeit und Leistung nach. Die Ansammlung von Milchsäure, die Ermüdung des Muskels und das darauffolgende Reißen vieler kleinster Muskelfasern, bescheren uns den bekannten Muskelkater.

Wenn das Training optimal sein soll, darf also kein Muskelkater auftreten. Mit dem richtigen Walkingtraining ist es sehr unwahrscheinlich, daß Sie einen Muskelkater bekommen, vor allem wenn Sie sich an die Trainingspläne halten.

Sehnen und Bänder

Sehnen und Bänder sind die Strukturen, die das Skelett zusammenhalten.

Das Muskelgewebe ist nicht direkt mit den Knochen verbunden. Jeder Muskel geht an seinen Enden in eine Sehne über, die am Skelett befestigt ist und die Kraft des Muskels überträgt. Ist eine Sehne verletzt, so kann die Kontraktion des Muskels nicht richtig übertragen werden.

Die Bänder verbinden Knochen miteinander. Wenn ein Band überdehnt oder gar gerissen ist, hält das Gelenk nicht mehr richtig zusammen, und die Bewegung ist eingeschränkt.

Bänder und Sehnen können nicht direkt wie Muskeln trainiert werden. Regelmäßige und nicht zu starke Belastungen führen jedoch nach längerer Zeit dazu, daß diese Gewebe stärker werden und größeren Belastungen standhalten. Beim Walking wird eine leichte Belastung ausgeübt, die den Aufbau und die Stärkung von Sehnen und Bändern fördert.

Gelenke

Die Stellen, an denen einzelne Knochen miteinander durch Bänder verbunden sind, heißen Gelenke. Ein Gelenk besteht aus zwei gegeneinander beweglichen Knochen. Die sich berührenden Gelenkflächen sind mit Knorpel überzogen. Das Gelenk ist von einem Bänderapparat, der Gelenkkapsel, umgeben, die die Gelenkschmiere absondert. Manche Gelenke verfügen darüber hinaus über „Sondereinrichtungen“, wie Schleimbeutel oder Menisken (z.B. das Knie).

- Kugelgelenke: Diese Gelenkart erlaubt Bewegungen in jede Richtung. Die Schulter ist ein solches Kugelgelenk.
- Sattelgelenk: Ein Knochen „reitet“ auf einem anderen, wie auf einem Sattel; die Bewegung ist nur in einer Richtung möglich. Ein Beispiel für ein solches Gelenk ist das Knie.
- Nußgelenk: Ein Knochen umfaßt den Gelenkkopf eines anderen Knochens mehr als halb. Bewegung ist in mehreren Rich-

tungen eingeschränkt möglich. Ein Beispiel ist das Hüftgelenk.

- Scharniergelenk: Die eine Hälfte des Gelenks ähnelt einer Walze mit einer Führungsrinne, die sich entlang einer entsprechenden Führungsleiste des gegenüberliegenden, am Gelenk beteiligten Knochens bewegt. Das Ellbogengelenk ist ein solches Scharniergelenk.

Gelenke sind relativ komplizierte Gebilde und heilen bei Verletzungen nur schwer. In vielen Sportarten sind Gelenkverletzungen fast schon an der Tagesordnung. Unkontrollierte, hastige Bewegungen führen gerade bei weniger trainierten Menschen zu Überbelastungen, die Gelenke schädigen können.

Viel schlimmer als bei akuten Verletzungen sind jedoch die Folgen bei chronischer Über- und Fehlbelastung, die zu Gelenkabnutzung und schließlich zu Arthrose führen.

Übertriebener Sport, Übergewicht und körperliche Schwerarbeit sind die häufigsten Gründe für Arthrose. Andere Faktoren sind Fehlernährung, Rauchen, aber auch Fehlstellungen von Gelenken. Senkfüße, Knickfüße, X-Beine oder Wirbelsäulenschäden verändern die Statik und erhöhen die Gefahr, Arthrose zu bekommen.

Die ersten Anzeichen für Arthroseschäden sind leichte Spannungsgefühle und Steifheit in den betroffenen Gelenken. Später kommen dann Schmerzen hinzu, zunächst nur zu Beginn der Bewegung, dann bei jeder Belastung und schließlich Dauerschmerzen.

Die beste Vorbeugung gegen Arthrose besteht in der Vermeidung von Überbelastungen der Gelenke. Gleichzeitig ist es jedoch wichtig, die stützende Muskulatur aufzubauen, um eventuelle Schäden zu kompensieren. Wie schon weiter oben erwähnt, fördert regelmäßige, nicht belastende Bewegung den Aufbau von Gewebe und erhöht die Belastbarkeit der Gelenke.

Mit Walking können Sie einen Sport betreiben, der Sie einerseits körperlich fit macht, andererseits aber keine Schäden verursacht. Gerade wenn Sie bereits Probleme mit Ihren Gelenken haben, sollten Sie erwägen, auf Walking umzusteigen.

Walking und die Hormone

Hormone sind chemische Substanzen, die in unserem Körper von den Drüsen gebildet werden und viele Vorgänge – vom Wachstum bis zum Sexualverhalten – steuern. Die Hormone sind schon in äußerst geringen Mengen wirksam; eine kleine Störung in einer der hormonproduzierenden Drüsen hat deshalb oft deutliche Auswirkungen auf den gesamten Organismus.

Einige wichtige Drüsen und ihre Funktion:

- Hypophyse: Diese wichtigste Drüse befindet sich im Gehirn und steuert die Funktion vieler anderer Drüsen im Körper. Sie ist auch für die Steuerung des Wachstums verantwortlich.
- Nebennieren: Die Nebennieren produzieren über 40 Hormone, unter anderem auch die Sexualhormone (z.B. Östrogen).
- Schilddrüse: Diese Drüse befindet sich am Hals, unterhalb des Kehlkopfes. Symptome einer Überfunktion der Schilddrüse sind ein Kropf, Zittern, Durchfall und Haarausfall; bei einer Unterfunktion zeigen sich Muskelschwäche, Verstopfung, Gewichtszunahme.
- Nebenschilddrüsen: Diese vier linsengroßen Drüsen sind lebenswichtig. Sie produzieren das Parathormon, das u.a. den Kalziumhaushalt reguliert.
- Pankreas (Bauchspeicheldrüse): Bei Diabetes ist die Funktion dieser insulinproduzierenden Drüse gestört.
- Eierstöcke/Hoden: Diese Organe sind ebenfalls hormonproduzierende Drüsen. Sie regulieren die sexuellen Funktionen.

Unser Hormonsystem ist ein höchst kompliziertes Netzwerk, das von vielerlei Faktoren beeinflußt wird, u.a. auch von Streß, Ernährungsweise und psychischen Vorgängen.

Deshalb kann sich regelmäßiges Walkingtraining auch positiv auf die Funktion unserer Drüsen auswirken. Gerade die streßabbauende Wirkung von Walking harmonisiert das Hormonsystem und damit unseren gesamten Körper.

Kapitel 3:
Wer darf walken?

Walking – Ausgleich für Millionen

Im Laufe der letzten 20 Jahre „boomte" und verschwand schon so manche Fitneßwelle. Der Mensch der Zukunft wird immer mehr Wert auf Fitneß und Gesundheit legen, denn das Freizeitpotential wächst zusehends, und das Bewußtsein für die Bedürfnisse des eigenen Körpers nimmt ebenso zu.

Damit eine neue Fitneßmethode zu einem Massensport wird, ist es notwendig, daß sie für möglichst viele Menschen durchführbar und daß sie mit wenigen Umständen verbunden ist. Außerdem muß sie natürlich Spaß machen und darüber hinaus effektiv sein. Zu den beliebtesten Sportarten zählen hierzulande mit Abstand Schwimmen, Radfahren und Laufen. Nach einer Umfrage des Deutschen Sportbunds gegen Ende der 80er Jahre stellte sich heraus, daß immerhin 44% der sporttreibenden Bevölkerung regelmäßig laufen, während 64% radfahren und sogar 67% schwimmen.

Während Schwimmen und Radfahren eher zu den klassischen Freizeitbeschäftigungen gehören als zu den modernen Fitneßbewegungen – wenn man einmal vom „Mountainbiking" absieht –, ist das Laufen unter dem Begriff „Jogging" erst vor gar nicht allzu langer Zeit zu einem Massensport geworden. Die Anzahl der Jogger ist innerhalb kürzester Zeit enorm gestiegen, und selbst die Tatsache, daß 1984 der Joggingpapst James F. Fixx im Alter von 52 Jahren das Zeitliche gesegnet hat, indem er beim Jogging tot umfiel, hat die Joggingwelle nicht abebben lassen.

Was Walking betrifft, so kann man davon ausgehen, daß diese Methode sich bald noch stärker verbreiten wird als alle bisherigen Fitneßbewegungen. Auch wird beim Walking so leicht niemand tot umfallen, da Walking den Kreislauf durchschnittlich weitaus weniger belastet als Jogging. Wie lange es dauern wird, bis Walking zu einem Begriff geworden ist, der in aller Munde ist, läßt sich schwer absehen. Aller Wahrscheinlichkeit nach wird dies aber recht bald sein.

Schließlich befinden sich schon heute etliche Millionen Amerikaner im Walkingfieber, und auch hierzulande sind die ersten Walker drauf und dran, Deutschlands Wälder und Parks zu erobern.

Daß Walking ein Sport für Millionen ist, wird verständlich, wenn man bedenkt, daß wirklich jeder, der auf zwei Beinen gehen kann, auch Walking betreiben kann. Ob jung oder alt, Mann oder Frau, reich oder arm, gesund oder krank – Walking ist einfach für alle da. Auch für Sie! Zögern Sie also nicht, noch heute mit dem Walkingtraining zu beginnen, denn Ihre Gesundheit, Ihre Fitneß, Ihr Aussehen und auch Ihre psychische Verfassung werden es Ihnen danken!

Walking für die sitzende Bevölkerung

Das Sitzen ist eine gemütliche Sache. Das hat der Mensch schon vor einer ganzen Weile entdeckt, und darum hat er sich sein Alltagsleben so eingerichtet, daß er möglichst wenig gehen und stehen muß und statt dessen möglichst viel sitzen kann. Wer sollte es ihm auch verdenken . . .

So sitzt man und sitzt. Im Büro auf dem Bürostuhl, in der Straßenbahn auf den Sitzplätzen, im Auto auf dem Fahrersitz, vor dem Fernseher auf dem Fernsehsessel. Man sitzt, sooft es geht, und geht, sowenig es geht.

Dies wäre alles auch nicht weiter schlimm, wenn es da nicht ein gewisses Problem gäbe. Dieses Problem trägt den Namen „Bewegungsmangel“ und wird in der Medizin als eine der Hauptursachen für die Entstehung von Übergewicht und Zivilisationskrankheiten angesehen. Die Sache liegt dabei im Grunde einfach: Der Mensch hat sich auf unserem Planeten nur deshalb über so viele Jahrtausende am Leben erhalten können, weil er sich dazu bequemt hat, Früchte von den Bäumen zu holen und auf die Jagd zu gehen, was doch mit einiger Bewegung verbunden war.

Trotz der Fortschritte der Zivilisation ist der menschliche Organismus aus biologischer Sicht immer noch eine Art Urorganismus, der auf sehr viel Bewegung ausgelegt ist. Das bequeme Leben hat sich – anders ausgedrückt – also viel zu schnell entwickelt, als daß unsere Erbanlagen sich daran hätten anpassen können.

Die Folgen des Bewegungsmangels sind recht unangenehm: Ein Mensch, der sich wenig bewegt, nimmt, falls er sich beim Essen nicht extrem einschränkt, leicht an Körpergewicht zu. Durch das viele Sitzen kommt es auch dazu, daß die normale Beweglichkeit der Gelenke, der Hüfte und der Wirbelsäule ständig weiter abnimmt. Die Gelenkknorpel werden schneller abgenutzt, was zu Arthrose führen kann. Ganz allgemein kommt es durch den Mangel an Ausgleich zu einer Einschränkung der Flexibilität, was bedeutet, daß sich die Muskeln verkürzen.

Darunter leidet nun insbesondere die Rückenmuskulatur, wodurch es zu den heute weitverbreiteten Rückenschmerzen kommt. Doch damit noch nicht genug: Man muß leider hinzufügen, daß eine geschwächte Muskulatur den Alterungsprozeß beschleunigt und daß bei Bewegungsmangel auch die Verdauung die Lust an der Bewegung verliert, wodurch es zu Magen-Darm-Beschwerden kommt. Auch das Kreislauf-System profitiert nicht gerade von einer Unterforderung, was wiederum eine Anzahl von Folgen hat, mit denen wir Sie im Moment jedoch lieber verschonen wollen.

Falls Sie nun in eine gewisse Panik geraten sind und die Hände über dem Kopf zusammengeschlagen haben, so können Sie sich sogleich wieder beruhigen. Sie halten nämlich soeben ein Buch in den Händen, das Ihnen die Lösung zu sämtlichen genannten Problemen präsentiert. Diese Lösung heißt „Walking“!

Wenn Sie nach dem optimalen Ausgleich für Ihre sitzende Lebensweise suchen, so haben Sie ihn im Walkingtraining gefunden. Wenn Sie nämlich auch nur zwei- bis dreimal in der Woche eine halbe Stunde Walking betreiben, lassen sich die meisten Folgen des Bewegungsmangels verhindern. Wenn Sie zusätzlich noch einige Spaziergänge in Ihren Alltag einbauen können und etwa in der Mittagspause oder auf dem Weg zur Arbeit ein Stückchen gehen, dann ist dies natürlich um so besser.

Es gibt für den sitzenden Menschen auf Dauer gesehen nur eine Möglichkeit, Schaden abzuwenden, und diese Möglichkeit heißt Bewegung. Durch Walking können Sie sich diese notwendige Bewegung verschaffen und von allen damit verbundenen Vorteilen profitieren.

Walking für Frauen

Im Laufe der letzten Jahre ist der Prozentsatz der sporttreibenden Frauen in Deutschland stark angestiegen. Dies gilt sowohl für Sportvereine als auch für Fitneß- oder Gymnastikstudios und Volkshochschulkurse. Die moderne Frau hat ihren Körper wiederentdeckt und ist auch durchaus bereit, etwas für ihre Fitneß und damit auch für ihr Aussehen zu tun.

Während die Hausfrau um die Jahrhundertwende kaum mehr als eine ,,Haussklavin" war, die den größten Teil des Tages damit verbrachte, auf den Knien herumzukriechen, um den Boden zu schrubben oder über dem Waschbrett die schweißtreibende Arbeit des Waschens zu verrichten, hat die heutige Hausfrau zumeist wesentlich mehr Zeit, um ihren Interessen nachzugehen. Obwohl zahlreiche Haushaltsgeräte dazu beitragen konnten, die Hausarbeit erheblich zu erleichtern, sind selbst im modernen Haushalt immer noch zahlreiche Tätigkeiten zu verrichten, so daß die Frauen, sofern sie nicht berufstätig sind und etwa im Büro arbeiten, noch relativ viel Bewegung haben.

Andererseits gibt es im Haushalt viele Arbeiten, die mit einseitigen Belastungen beziehungsweise Körperhaltungen einhergehen und die nicht gerade dazu geeignet sind, die Fitneß zu erhöhen. Viel eher tragen dazu bei, Verspannungen aufzubauen. So können Tätigkeiten wie Staubsaugen oder Bettenmachen durchaus auch zu Rückenschmerzen führen.

Da, wie gesagt, das Interesse der Frauen am Sport allgemein wächst, ist es verständlich, daß ein Großteil der Walker aus Frauen besteht. Gerade das Walkingtraining kommt den Bedürfnissen der meisten Frauen entgegen, da es eine hervorragende Methode darstellt, um Körperfett abzubauen und dadurch ein schlankes, sportliches Aussehen zu erlangen. Es ist wohl auch kaum übertrieben, das Walking als eine hervorragende Kosmetik anzusehen. Durch Walking steigt die Sauerstoffaufnahme des Organismus, die Haut wird besser durchblutet, und kleine Fältchen verschwinden. Auch wird das Bindegewebe gestrafft und Zellulitis vorgebeugt.

Vor allzu schneller Gewichtsabnahme ist jedoch besonders bei Frauen abzuraten, da sich der Hormonspiegel der Frau verändert, wenn ihr Fettanteil unter einen bestimmten Prozentsatz des Gesamtgewichts fällt. Sie sollten es also vor allem mit Diäten nicht übertreiben und die Gewichtsreduktion lieber langsam angehen.

Durch Walking kann die Frau eine geschmeidige, dehnbare Muskulatur entwickeln, die ihr Aussehen wesentlich verbessern wird, ohne daß dafür radikale Hungerkuren notwendig sind. Die natürliche Anmut und Schönheit der Frau wird durch langsamen Fettabbau allmählich gesteigert. Da die Muskulatur der Frau jedoch stärker von Unterhautfettgewebe bedeckt wird als die des Mannes, wird sie nicht so leicht eine harte und derbe Muskulatur entwickeln. Durch intensives Bodybuilding ist dies zwar auch den meisten Frauen möglich, ob dies allerdings erstrebenswert ist, ist eine individuelle Entscheidung.

Fest steht jedenfalls, daß jede Frau ihr Leistungsvermögen durch regelmäßiges Walking enorm steigern kann. Zudem ist es möglich, das Höchstleistungsvermögen vom sechzehnten bis weit über das vierzigste Lebensjahr hinaus zu halten. Gerade in Ausdauersportarten sind Frauen oftmals sehr leistungsstark.

Ob Sie während der Menstruation auf das Walkingtraining verzichten wollen oder nicht, bleibt ganz Ihnen überlassen – entscheiden Sie nach Ihrem persönlichen Befinden. Aus ärztlicher Sicht sind hierbei sicherlich keine Schäden zu befürchten, aber wichtiger ist, daß Sie auf Ihren Körper hören und entsprechend handeln.

Im letzten Schwangerschaftsdrittel sollte man sein Walkingprogramm einschränken beziehungsweise ganz einstellen. Auch wäre es ungünstig, während der Schwangerschaft mit dem Walkingtraining zu beginnen, wenn man zuvor noch nie Ausdauersport betrieben hat. Im übrigen ist Walking für die Frau natürlich vollkommen bedenkenlos und darüber hinaus sehr zu empfehlen.

Walking für „Faule“

Daß faule Menschen den Sport scheuen, versteht sich von selbst. Diese Leute wundern sich oft zu Recht, wenn ihre sportlichen Zeitgenossen schweißüberströmt durch die Wälder hetzen oder sich in „Folterkammern“ mit schweren Hanteln und schmerzverzerrten Gesichtern schinden. Tatsächlich muten einige moderne Fitneßbewegungen bei genauerer Betrachtung doch recht seltsam an. Gerade im Bereich des Hochleistungssports ist es durchaus gerechtfertigt, den gesundheitlichen Nutzen zu hinterfragen.

Es ist nun einmal nicht jedermanns Sache, sich wie ein moderner Gladiator zu gebärden. Gerade bei Übergewichtigen oder älteren Personen ist es zudem recht gefährlich, wenn sie sich den Grenzen ihrer Leistungsfähigkeit nähern. Selbiges gilt beispielsweise auch für Herzkranke. Für viele scheint Sport so etwas wie ein Kampf mit sich selbst zu sein. Verbissene Gesichter trifft man da allerorts an. In Anbetracht solcher Beispiele mag der Ausspruch „Sport ist Mord“ gar nicht so unpassend erscheinen. Dieser Ausspruch ist für Faule eine willkommene Rechtfertigung, die bequeme Lebensweise ungeniert weiterzubetreiben.

Tatsächlich sind viele Faule nur deshalb faul, weil sie jegliche positiven Erlebnisse mit sportlichen Aktivitäten vermissen mußten. Wenn man beispielsweise bereits in einem Elternhaus aufwuchs, in dem Sport ein Fremdwort gewesen ist, so ist es später oft schwierig, einen geeigneten Einstieg zu finden. Wer sich viele Jahre seines Lebens körperlich weitgehend geschont und jede unnötige Bewegung vermieden hat, wird keine angenehme Erfahrung machen, wenn er sich mit einem etwas sportlicheren Freund für eine Stunde einen Squashcourt mietet und dann versucht, diese Stunde zu überstehen. Nach fünf Minuten pocht das Herz in beängstigender Weise, der hochrote Kopf droht zu platzen, und man hat noch 55 Minuten vor sich! Daß solche Mißerfolge dann dazu führen, daß man sich noch mehr von sportlicher Aktivität fernhält, dürfte kaum verwundern.

Dennoch ist es – ob Sie es glauben oder nicht – ein Grundbedürfnis des Menschen, sich zu bewegen. Was man von übertriebenem Ehrgeiz beim Sport sagen kann, daß er nämlich schädlich ist, gilt leider ebenso vom Gegenteil. Wer sich zu wenig bewegt, wer jeden Meter mit dem Auto fährt und jegliche körperliche Anstrengung meidet, der wird früher oder später krank und freudlos durchs Leben wandern.

Alle Ausreden und Vorurteile, die faule Menschen gerne aufführen, um ihre Bewegungslosigkeit zu verteidigen, treffen vielleicht auf einige Sportarten zu, jedoch sicher nicht auf Walking. Wenn Sie sagen, Sie hätten zu wenig Zeit für Sport, so sollten Sie sich ehrlich eingestehen, daß es wirklich jedem möglich ist, zweimal in der Woche für eine halbe Stunde an die frische Luft zu gehen und Walking zu betreiben. Daß dies besonders anstrengend und schweißtreibend sei, stimmt nicht. Daß Sie eine teure Ausrüstung benötigen, auch nicht. Daß Sie für Walking zu ungeschickt, unbegabt, unsportlich oder auf sonstige Weise ungeeignet sein könnten, fällt leider als Ausrede ebenfalls aus.

Falls Sie bisher jeglicher sportlichen Betätigung skeptisch gegenüberstanden, so sollten Sie sich wenigstens *einmal* für ein oder zwei Wochen auf Walking einlassen. Und wenn Sie es nur als Experiment betreiben. Walking spricht für sich, und so mancher „faule Mensch" hat durch Walking die Freude am eigenen Körper und an der Bewegung schlechthin wiederentdeckt. Sie glauben es nicht? Dann probieren Sie's doch aus ...

Walking für Fitneßfreaks

Vielleicht gehören Sie zu den Menschen, denen Fitneß über alles geht. Dann genügt es Ihnen freilich nicht, zweimal in der Woche ein bißchen Ausdauertraining zu betreiben oder sich auf eine einzige Sportart zu beschränken. Es gibt heutzutage ausgesprochene Fitneßfreaks, und dagegen ist sicher nichts zu sagen. Warum sollte man nicht ins Fitneßcenter gehen, am Wochenende mit dem Mountainbike in die Berge fahren, nach Büroschluß joggen oder Tennis spielen, im Sommer schwimmen, im Winter Skifahren und in den noch übrigen freien Minuten, statt fernzusehen, Liegestützen im Wohnzimmer ausführen?

Wenn man die nötige Zeit und die nötigen Mittel hat, sollte man ruhig so viel Sport treiben, wie man gerne möchte. Der Gesundheit wird dies ebensowenig schaden wie etwa dem Aussehen oder dem allgemeinen Lebensgefühl.

Ausgesprochene Sportlernaturen schauen gerne milde lächelnd auf Walking herab, da sie meinen, Walking wäre vielleicht etwas für diejenigen, die nicht so fit sind und eher als unsportlich einzustufen sind. Dies ist jedoch ein gewaltiger Irrtum. Obwohl es einerseits stimmt, daß man Walking auch dann noch betreiben kann, wenn man bei anderen Sportarten längst passen muß, kann man Walking andererseits auch auf eine höchst schweißtreibende und körperlich anspruchsvolle Weise betreiben.

Wem es etwa langweilig oder gar fade erscheint, durch die Natur zu walken, dem fehlen offensichtlich die Erfahrungen mit Walking. Durch die Trainingsdauer und vor allem durch die Geschwindigkeit beim Walking kann man seinen Puls durchaus in schwindelerregende Bereiche bringen, so man dies denn wünschen sollte. Darüber hinaus besteht natürlich die Möglichkeit, die Intensität durch spezielle Gewichte zu steigern, wie wir noch aufzeigen werden.

Walking ist eine Fitneßmethode, die nicht nur aus dem Walking im Freien besteht, sondern die auch durch zusätzliche Übungen, die sogenannten Workouts, ergänzt wird. Diese Workouts sind aerobe Übungen, die den Kreislauf stark anregen, und die durchaus Ähnlichkeit mit Aerobic-Übungen haben. Während Ungeübte vorsichtig an die Workouts herangehen sollten, können Fitneßtrainierte sich schon stärker fordern.

Leider kommt es bei „Fitneßfreaks“ immer wieder einmal zu Verletzungen, besonders wenn sie es mit dem „Sportlichsein“ vielleicht doch ein wenig übertreiben. Wenn sie auf Walking umsteigen, haben sie die wunderbare Möglichkeit, dennoch im Training zu bleiben. Sie können sich von ihrer Verletzung so erholen, ohne deswegen auf Sport verzichten zu müssen.

Walking ist so vielseitig, daß man damit sämtliche individuellen Wünsche erfüllen kann. Ob man sich nun gerne ein wenig mehr Bewegung verschaffen oder ob man die optimale Fitneß entwickeln möchte, durch Walking ist beides möglich. Ausschlaggebend ist nämlich nicht das Walkingtraining an sich, sondern die Intensität, mit der man es betreibt.

Dies gilt natürlich auch für viele andere Sportarten. Wie viele Besucher von Fitneß-Studios sitzen nicht lieber bei einem Vitamindrink an der Bar, anstatt sich ihrem Training zu widmen? Wie viele Skifahrer lassen sich von Sesselliften in schneebedeckte Höhen schleppen, um dort ein- oder zweimal die Piste zu befahren und sich dann vor der Skihütte mit Würstel und Bier in die Sonne zu setzen? Man könnte noch viele Beispiele anführen, die aufzeigen, daß Sport nicht immer mit Fitneß zu tun haben muß.

Auch im Walking können Sie zwischen Spazierengehen und Fitneß-Streß unter zahlreichen Abstufungen wählen. Worauf es Ihnen ankommt, was Ihnen wichtig ist und was Sie erreichen möchten, wird letztlich darüber entscheiden, was Sie aus Ihrem Walkingprogramm machen.

Walking für Senioren

Daß Walking eine ausgezeichnete Methode ist, um unsere Fitneß zu erhöhen, unser Aussehen zu verbessern und unsere Gesundheit zu fördern, dürfte inzwischen klargeworden sein. Walking bietet aber noch einen weiteren Vorteil: Walking hält uns jung.

Tatsächlich gibt es viele Tests und Untersuchungen, die belegen, daß trainierte 60jährige biologisch fitter und jugendlicher als untrainierte 40jährige sind. Es ist also nie zu spät, um mit Sport zu beginnen. Dies gilt allerdings mit gewissen Einschränkungen.

Während man nämlich in späteren Jahren mit verletzungsträchtigen Sportarten vorsichtig sein muß, sind Sportarten, die insbesondere die Ausdauer trainieren und bei denen die Verletzungsgefahr gering ist, grundsätzlich zu empfehlen. Zu den besten Sportarten für Senioren gehören daher Radfahren, Schwimmen, Skilanglauf und natürlich vor allem auch Walking. Da der ältere Mensch den Vorteil hat, über weitaus mehr Zeit zu verfügen als der berufstätige, jüngere Mensch, dürfte es ihm nicht schwerfallen, das Walkingtraining in seinen Alltag einzubauen.

Beim Walking sind die orthopädischen und kreislaufrelevanten Belastungen beispielsweise um einiges niedriger als beim Jogging. Trotzdem ist Walking wirksam genug, um den Alterungsprozeß noch einige Zeit hinauszuzögern. Durch Walking bleibt auch die Beweglichkeit der Gelenke lange erhalten, und zudem wird die Verdauung stabilisiert und harmonisiert.

Daß durch Walking vor allem das Herz gestärkt wird, ist gerade für ältere Menschen wertvoll. Statistisch gesehen drohen nämlich ab dem 40. Lebensjahr die meisten Gefahren für Herz und Kreislauf. Es wirkt sich daher sehr positiv aus, wenn die Leistung der Herzkranzgefäße gesteigert wird, was durch Walking geschieht.

Obwohl Sie theoretisch auch mit 70 Jahren noch mit dem Walkingtraining beginnen können, sollten Sie sich vorher von Ihrem Arzt untersuchen lassen und sich mit ihm absprechen, um gesundheitliche Risiken auszuschließen.

Wichtig ist, daß Sie gerade als Senior langsam mit dem Walkingtraining beginnen. Anfangs genügt es, zweimal wöchentlich für etwa 15 – 20 Minuten zu trainieren, wobei Sie zunächst auch kein allzu hohes Walkingtempo wählen sollten. Sobald Sie einen Zuwachs an Kondition spüren, können Sie natürlich bedenkenlos steigern.

Obwohl es nicht unbedingt notwendig ist, sich vor dem Walking aufzuwärmen, würden wir dies jedem über 50jährigen doch „wärmstens" empfehlen. Durch einige kleine Dehungsübungen, wie wir sie in diesem Buch aufgeführt haben, können Sie bereits viel für Ihre Flexibilität tun und bis ins hohe Alter weich und beweglich bleiben.

Übrigens ist es ein Irrglaube, anzunehmen, daß durch Sport der Körper abgenützt würde. Das Gegenteil ist der Fall. Nur ein trainierter Körper kann seine Leistungsfähigkeit auf lange Sicht erhalten. Was für Sport im allgemeinen gilt, gilt natürlich um so mehr für Walking, da Walking mit einem geringen Maß an Belastung auskommt.

Als positive „Nebeneffekte" des regelmäßigen Walkingtrainings können ältere Menschen oft beobachten, daß ihre Lebensenergie wieder steigt, daß sich die sexuelle Spannkraft wieder erhöht und daß nicht zuletzt körperliche Fitneß auch wieder zu geistiger Fitneß führt.

Walking für Kranke

Der kranke Mensch ist zumeist in seinem Befinden so stark eingeschränkt, daß Sport zu treiben für ihn oft nicht mehr in Frage kommt. Dies ist um so bedauerlicher, wenn man bedenkt, daß gerade ein angegriffener, erkrankter Organismus der Anregung und Kräftigung bedarf. Leider gibt es natürlich eine Reihe von Krankheiten, die strenge Bettruhe erfordern oder die körperliche Bewegung nahezu unmöglich machen.

Obwohl Walking wohl die sanfteste Methode ist, sich sportlich zu betätigen, gibt es daher dennoch gewisse Krankheiten, bei denen man vom Walkingtraining absehen muß. Vor allem gilt dies bei allen Infektionskrankheiten, die mit Fieber einhergehen. Es versteht sich wohl von selbst, daß man mit Grippe und 40 Grad Fieber nicht versuchen sollte, durch den Park zu walken. Selbst bei starken Erkältungen wird man vom Walking absehen.

Eigentlich sollte es eine Sache des gesunden Menschenverstandes sein, sich bei einer Krankheit für oder gegen Walking zu entscheiden. Wann immer Sie sich jedoch unsicher sind, ob Ihnen Walking nun eher nützen oder schaden würde, sollten Sie sich nicht scheuen, einen Arzt zu fragen und sich mit ihm zu beraten. Auf diese Weise können Sie jedes unnötige Risiko vermeiden.

So sollten etwa Herzpatienten vorsichtig sein und sich nicht unvernünftigerweise in ein plötzlich anstrengendes Walkingtraining stürzen. Selbiges gilt natürlich auch für Menschen, die bereits einen Schlaganfall erlitten haben. Bei allen ernsthaften Erkrankungen, wie etwa bei Diabetes, ist es grundsätzlich ratsam, den Arzt zu fragen. In den meisten Fällen wird sich dabei aber herausstellen, daß eine Sportart, bei der man sich an der frischen Luft bewegt, die den Kreislauf sanft anregt und die Atmung vertieft, für Kranke durchaus förderlich ist.

Gerade bei chronischen Erkrankungen, etwa des Bewegungsapparates wie rheumatische Erkrankungen, aber auch bei Diabetes oder Krebserkrankungen ist Walking zumeist durchaus angezeigt. Allerdings sollte man sich beim Training immer seinem körperlichen Befinden anpassen und gegebenenfalls besonders vorsichtig walken. Oft können dann schon zehn Minuten bei langsamem Tempo vollkommen ausreichen, um den Kreislauf anzuregen und die Lebenskräfte wieder zu wecken.

Sicher ist, daß Sie durch Bewegung an der frischen Luft in hohem Maße dazu beitragen können, Ihre vitalen Energien wieder anzuregen und die Selbstheilungskräfte zu aktivieren. Durch Vertrauen in den inneren Arzt und durch Bewegungstraining können viele Krankheiten gelindert oder auch geheilt werden. Bei sehr kranken Menschen kann Walking durch besonders langsames Tempo in Verbindung mit einer tiefen Atmung viel mehr zu einer Bewegungstherapie als zu einer Fitneßmethode werden.

Hier sollten Sie jedoch selbst experimentieren und auf die Reaktionen Ihres Körpers hören. Sie werden dann sehr schnell spüren, was Ihnen guttut und was Ihnen schadet.

Für das Walking gibt es tatsächlich nur sehr wenige Gegenanzeigen, und die verstehen sich ohnehin von selbst. Wer an den Rollstuhl oder an das Bett gefesselt ist, wer im Fieber liegt oder keinen Fuß mehr vor den anderen setzen kann, dem wird es nicht im Traum einfallen, im schnellen Walkingtempo durch den Wald zu „traben". Aber sonst kann jeder bedenkenlos mit Walking experimentieren, wenn er zuvor mit seinem behandelnden Arzt gesprochen hat.

Im Hinblick auf allgemeine Vorsichtsmaßnahmen sei noch erwähnt, daß man bei großer Hitze das Walkingtraining nicht übertreiben sollte. Gerade ältere oder kranke Menschen sollten es auch bei erhöhter Ozonkonzentration, die leider besonders im Sommer immer wieder auftritt, langsam angehen lassen. Ebenso ist im Hochgebirge Vorsicht geboten, da uns die dünnere Luft nicht mehr so gut mit Sauerstoff versorgt.

Obwohl Walking als eine der ungefährlichsten, wenn nicht sogar als die ungefährlichste Sportart schlechthin gilt, sollte man sich doch stets vernünftig verhalten und im Zweifelsfall lieber zu schonend als zu brutal mit sich umgehen. Dies gilt in besonderem Maße für den kranken Menschen, der jedoch nach Möglichkeit nie ganz auf sein Walkingtraining verzichten sollte.

Kapitel 4: Walking – die Praxis

Die richtige Ausrüstung

Walking hat den Vorteil, daß man keine besondere Ausrüstung benötigt, um damit anfangen zu können. Wenn Sie dieses Buch gerade gekauft haben und auf dem Weg nach Hause sind, könnten Sie, wenn Sie wollen, sofort damit beginnen.

Daß Sie keine Ausrüstung benötigen, heißt aber nicht, daß es keine sinnvollen Hilfsmittel gäbe. Da Walking immer mehr Anhänger findet, hat die Sportindustrie auch angefangen, besondere Bekleidung für diesen Sport zu entwickeln.

Gerade wenn Sie Walking regelmäßig trainieren, macht es Ihnen eine gute Ausrüstung leichter.

Schuhe

Die richtigen Schuhe sind beim Walking, besonders wenn Sie es intensiv ausüben, einige Anmerkungen wert. Schließlich werden bei dieser Sportart naturgemäß der Fuß und die Knie einer stetigen – wenn auch gesunden – Belastung ausgesetzt. Diese Belastung ist beim Walking wesentlich geringer als beim Joggen oder bei Aerobic und kann keine Gesundheitsschäden verursachen.

Wichtig ist es allerdings, daß die Schuhe selbst keine Belastung für die Füße darstellen. Sie können Ihre ganz normalen Turnschuhe verwenden, wenn sie nicht einseitig abgelaufen sind. Besser noch sind Jogging-Schuhe, die das Körpergewicht besser abfedern.

Ideal sind aber natürlich spezielle Walking-Schuhe, die von einigen Herstellern (z.B. Reebok) entwickelt wurden. Diese Schuhe tragen dem besonderen Bewegungsablauf beim Walking Rechnung, indem sie eine große Sohlenfläche und eine versteifte Fersenkappe aufweisen.

Achten Sie bei der Auswahl Ihrer Schuhe auf die folgenden Punkte: ausreichender Spielraum für die Zehen, guter Halt, Polsterung, atemaktives Material (Leder, Sympatex). Die Schuhe sollten nicht über den Knöchel gehen, um die Bewegung nicht zu behindern, und sie sollten flexibel sein.

Kleidung

Die Kleidung beim Walking darf Ihre Bewegungen nicht behindern. Auch nach längerer Bewegung sollte sich die Kleidung nicht negativ bemerkbar machen. Enge Jeans sind also nicht gerade zu empfehlen. Denken Sie auch daran, daß Ihre Arme frei schwingen können sollten.

Probieren Sie es am besten aus, bevor Sie beginnen. Heben Sie Ihr Bein an und ziehen Sie es zur Brust; es sollte auch jetzt nicht eng in der Hose werden. Lassen Sie Ihre Arme kreisen: es sollte kein Widerstand zu spüren sein.

Aber auch dann, wenn Ihre Beine und Ihre Arme volle Bewegungsfreiheit haben, sollte die Kleidung nicht zu eng anliegen. Da beim Walking Blut in die Muskeln gepumpt wird, werden besonders Ihre Beine während des Walking-Trainings ein wenig an Umfang gewinnen: die Hose wird also scheinbar enger.

Ein weiterer Punkt, den Sie beachten sollten, ist das Material Ihrer Kleidung. Ihre Haut atmet nämlich – und während körperlicher Betätigung noch intensiver als sonst. Sie gibt außerdem Feuchtigkeit ab. Die Hautatmung ist für die Gesundheit von großer Bedeutung. Wenn Sie behindert ist, schadet das nicht nur Ihrer Haut, sondern Ihrem ganzen Körper.

Es ist also wichtig, daß Ihre Kleidung die Hautatmung nicht behindert. Mit natürlichen Fasern, z.B. Baumwolle, kann die Haut uneingeschränkt ihre Funktion erfüllen.

Das Problem ist nur, daß natürliche Fasern auch Feuchtigkeit von außen durchlassen. Wenn Sie nur bei schönem Wetter walken, macht das selbstverständlich nichts. Bei Regen kann es jedoch sehr unangenehm sein.

Aber selbst hier gibt es eine Lösung. In den letzten Jahren wurden Kunstfasern entwickelt, die zwar die Hautatmung nicht behindern, aber von außen her wasserdicht sind, wie beispielsweise Gore-Tex. Kleidung aus solchen Materialien ist zwar verhältnismäßig teuer, aber wenn Sie bei jedem Wetter unterwegs sind, lohnt sich die Anschaffung.

Pulsmeßgeräte und Schrittzähler

Die Technik kann auch beim Walking mitunter durchaus nützlich sein. Für den optimalen Trainingserfolg ist es wichtig, den Sport richtig auszuüben. Das heißt beim Walking, auch auf die richtige Herztrainingsfrequenz zu achten. Dazu können Sie natürlich einfach eine Uhr nehmen und Ihren Puls fühlen. Der Nachteil dieser Methode liegt darin, daß Sie das Walking-Training kurz unterbrechen müssen, da es fast unmöglich ist, während der Bewegung den Puls richtig zu zählen.

Dies ist nicht besonders schlimm, aber unterbricht eben doch den Rhythmus. Außerdem haben Sie nicht die ständige Kontrolle über Ihre Herzfrequenz, wenn Sie nicht alle zwei Minuten für die Messung stoppen wollen.

Herzfrequenzmeßgeräte (z.B. von Polar) können den Puls ständig messen und ihn auf einer Uhr, die Sie am Handgelenk tragen, anzeigen. Es genügt also ein Blick, um zu sehen, ob Sie Ihr Tempo noch ein wenig steigern sollten oder es eher etwas zurücknehmen müssen.

Sinnvoll sind auch Schrittzähler, mit denen Sie Ihre Schrittzahl genau messen können. Schließlich macht es auf die Dauer nicht unbedingt Spaß, ständig seine Schritte zu zählen und auf die Uhr zu schauen.

Gewichte

Um die Intensität Ihres Walking-Trainings zu erhöhen, können Sie zusätzlich zu Ihrem Körpergewicht noch etwas tragen, beispielsweise in einem Rucksack.

Eine andere Möglichkeit ist, Arme und Beine mit Gewichten zu belasten. Das hat den Nebeneffekt, daß Sie beim Walking Ihre Muskeln gezielter aufbauen können.

Sie können nun einfach Hanteln nehmen, was natürlich nur für die Hände möglich ist. Es gibt jedoch eine Alternative: Gewichtsmanschetten, die Sie um die Unterarme beziehungsweise Unterschenkel wickeln. Mit diesen können Sie die Belastung auch regulieren, da sie meist kleine Gewichte beinhalten, die Sie je nach Bedarf hinzufügen oder entfernen und damit Ihrem Trainingsfortschritt anpassen können.

Walkman

Soll man beim Walking Musik hören? Bei diesem Thema scheiden sich die Geister.

Einerseits sollte man schon auf seine Atmung und den richtigen Bewegungsablauf achten.

Vom Gesundheitsaspekt aus ist es wohl besser, sich nicht abzulenken. Andererseits ist es aber so, daß viele Menschen sich zunächst einmal zum Sport aufraffen müssen. Zum Durchhalten und zur Regelmäßigkeit ist eine gute Motivation das A und O.

Vielen Menschen macht Walking – zumindest anfangs – mehr Spaß, wenn sie dabei ihre Lieblingsmusik hören. Gute Musik macht einfach gute Laune! Und schließlich soll Walking vor allem auch Spaß machen.

Ein Tip für das Tragen des Walkman: Schieben Sie das Gerät unter einen Ellenbogenschoner in der richtigen Größe, den Sie über Ihren Oberarm streifen. So ist das Gerät relativ leicht zu tragen und stört Sie nicht bei der Bewegung.

Die Lauftechnik

Nun wollen wir auf einen der wichtigsten Punkte in diesem Kapitel zu sprechen kommen: die richtige Technik beim Walking. Keine Angst: Walking ist tatsächlich sehr einfach! Wir empfehlen Ihnen jedoch, die richtige Walking-Technik von Grund auf zu lernen.

Hier geht es zunächst um das ,,normale" Walking, das sogenannte Outdoor Walking, bei dem Sie wirklich gehen. Techniken und Übungen für Walking Workouts, ein Training, das Sie zu Hause machen können, finden Sie im folgenden Kapitel.

Walking ist nicht gleich Gehen

Die Bewegung beim Walking unterscheidet sich sowohl vom üblichen Gehen oder Wandern als auch von der Leichtathletikdisziplin ,,Gehen".

Im Gegensatz zum Wandern geht es beim Walking um Geschwindigkeit und Training. Walking ist eine Sportart. Dazu gehört auch, daß es Techniken gibt, die erlernt werden müssen, um diesen Sport richtig zu betreiben. Der korrekte Bewegungsablauf ist nicht nur für das Training wichtig, sondern schont auch Ihren Körper, indem bei der richtigen Walking-Bewegung Gelenke, Muskeln und Sehnen sanft trainiert werden.

Walking sollte auch nicht mit der Leichtathletikdisziplin ,,Gehen" verwechselt werden. Der Bewegungsablauf ist dort ein anderer als beim Walking. Typisch ist das Hüftwackeln, das beim Walking auf jeden Fall vermieden werden sollte.

Wir wollen im Folgenden den Bewegungsablauf beim Walking in seinen einzelnen Phasen genau betrachten. Führen Sie jede der Phasen als Einzelübung aus, so daß Sie in jeder Position das Gefühl für die richtige Haltung bekommen.

Die Grundstellung

Stellen Sie sich zunächst in der Grundstellung hin: Die Füße stehen etwa schulterbreit voneinander entfernt und parallel zueinander. Versuchen Sie, diese Stellung einzunehmen, ohne auf Ihre Füße zu blicken. Wenn Sie glauben, daß die Füße richtig stehen, prüfen Sie es nach. Ist ein Fuß nach außen oder nach innen gedreht? Oder beide? Falls dem so ist, korrigieren Sie die Fußstellung, schließen Sie die Augen und versuchen Sie das Gefühl für die richtige Haltung zu bekommen. Schütteln Sie dann Ihre Beine aus und versuchen Sie noch einmal, ohne hinzusehen, die richtige Position einzunehmen. Üben Sie so lange, bis Sie Ihre Füße genau so plazieren können, wie die Grundstellung es erfordert.

Diese erste Übung ist zwar äußerst einfach, hat aber durchaus einen tieferen Sinn. Nur wenn die Füße wirklich parallel gehalten werden, treten keine Scherkräfte in den Knien und Hüften auf. Mit dieser Übung legen Sie den Grundstein für eine wirklich gesunde Walking-Technik.

Wenn Sie Ihre Füße gut kontrollieren können, können Sie auf die Haltung Ihrer Wirbelsäule achten. Die Wirbelsäule hat eine natürliche s-förmige Krümmung. Bei vielen Menschen sind Teile dieser natürlichen Form überbetont.

Am häufigsten verbreitet sind eine übermäßige Einwärtskrümmung der Lendenwirbelsäule, das Hohlkreuz, das durch unsere sitzende Lebensweise gefördert wird, und eine Fehlhaltung der Halswirbelsäule.

Beginnen wir mit dem Kopf. Versuchen Sie, Ihre Halswirbelsäule aufzurichten. Stellen Sie sich dazu vor, daß an Ihrem Scheitel ein Faden befestigt ist, der Ihren Kopf nach oben zieht. Spüren Sie das angenehme Gefühl, wenn sich Ihre Halswirbelsäule streckt?

Gehen Sie nun in der Vorstellung Ihre Wirbelsäule von oben nach unten durch und versuchen Sie, Spannungen zu lösen und die Wirbelsäule aufzurichten. Sie können wieder ein Bild zu Hilfe nehmen: Stellen Sie sich vor, daß an Ihrem Steißbein ein Gewicht hängt, das die Wirbelsäule geradezieht. Merken Sie, wie dabei Ihr Becken ein wenig nach vorne kippt?

Versuchen Sie, ein Körpergefühl zu entwickeln, so daß Sie im Laufe der Zeit ganz automatisch eine gute Haltung einnehmen.

Der Anfangsschritt

Üben Sie die folgende Bewegung zunächst in Zeitlupe, achten Sie auf eventuelle Fehler und korrigieren Sie sie.

Verlagern Sie Ihr Gewicht vollständig auf das linke Bein und rollen Sie dabei den rechten Fuß von der Ferse bis zu den Zehen

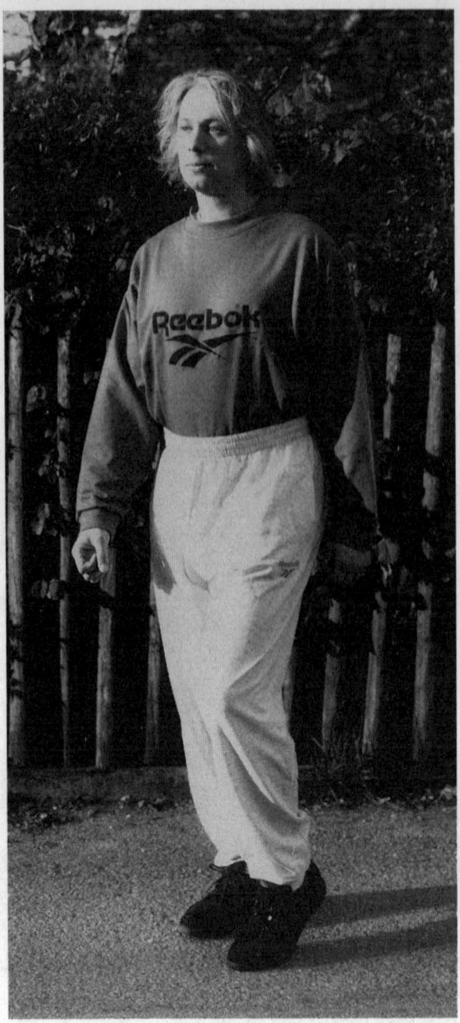
Reebok

ab. Ziehen Sie das rechte Knie so weit nach oben, bis die Zehen den Boden verlassen. Jetzt schwingen Sie ganz locker den Unterschenkel nach vorne, so daß das Bein wieder gestreckt ist.

Das Aufsetzen

Beginnen Sie mit der Grundstellung. Schwingen Sie nun, wie in der vorangegangenen Übung, das Bein vor, und setzen Sie den Fuß mit der Ferse auf.

Achten Sie darauf, daß Sie die Ferse wirklich kontrolliert aufsetzen und nicht einfach den Fuß fallen lassen. Der hintere Fuß berührt noch mit seiner gesamten Fläche den Boden. Kontrollieren Sie auch, ob Ihre Füße immer noch parallel zueinander stehen oder ob der Fuß, den Sie mit der Ferse aufgesetzt haben, nun nach außen oder innen gekippt ist, und korrigieren Sie Ihre Haltung gegebenenfalls.

Reebok

Wiederholen Sie die Bewegungen, die Sie bisher geübt haben. Beginnen Sie mit der Grundstellung, heben Sie das Bein, schwingen Sie es nach vorne und setzen Sie die Ferse auf.

Nun fahren Sie ohne Unterbrechung fort: Rollen Sie den aufgesetzten Fuß ab, bis die Sohle den Boden vollständig berührt. Gleichzeitig rollt der hintere Fuß von der Ferse zum Fußballen ab und stößt schließlich vom Boden ab, um den Schwung für den folgenden Schritt zu bekommen. Führen Sie das Abstoßen aktiv und bewußt aus.

Machen Sie mehrere Schritte hintereinander und kontrollieren Sie, ob in der Stützphase – wenn beide Füße den Boden berühren – Ihre Haltung immer noch korrekt ist.

Reebok

Der Armschwung

Der Armschwung ist ein wichtiger Bestandteil der Walking-Bewegung. Man walkt tatsächlich auch mit den Armen; erst durch den Armschwung ist ein höheres Tempo beim Walking überhaupt möglich.

Wahrscheinlich haben Sie bei den vorausgegangenen Übungen ohnehin schon automatisch die Arme mit eingesetzt; machen Sie es nun aber ganz bewußt. Mit dem richtigen Armschwung halten Sie die Bewegung regelmäßig, da die Arme ein Gegengewicht zu den in die andere Richtung schwingenden Beinen darstellen.

Beim Armschwung machen Sie die Hände zu lockeren Fäusten. Im Ellbogengelenk und in der Schulter bleibt der Arm locker.

Walken Sie nun erst einmal auf der Stelle. Der rechte Arm schwingt vor, wenn Sie das linke Bein heben, und zurück, wenn Sie es senken. Das Umgekehrte gilt für den linken Arm. Da Sie Ihre Arme locker halten, winkelt sich der Arm beim Vorwärtsschwingen an und streckt sich beim Zurückschwingen. Die Höhe des Armschwunges hängt dabei von Ihrer Schrittgeschwindigkeit ab.

Üben Sie nun auch noch den Armschwung zusammen mit den anderen Teilen des Walking-Bewegungsablaufs. Sie beherrschen nun die Technik des Outdoor Walking!

Reebok
Reebok

Tatsächlich ist es so, daß die meisten zivilisierten Menschen die natürliche Atmung verlernt haben. Auf den ersten Blick erscheint es schon seltsam, daß es Bücher über Atemtechnik gibt und sogar spezielle Seminare dazu angeboten werden. Aber unsere Lebensweise verführt eben zu unguten – und ungesunden – Angewohnheiten.

Viele von uns verbringen beispielsweise einen großen Teil des Tages im Sitzen. Dadurch wird der Bauchraum zusammengepreßt, und man gewöhnt sich die natürliche tiefe Bauchatmung, die noch jedes Baby beherrscht, ab. Als weiteres tragen enge Hosen und das Schönheitsideal eines flachen Bauches dazu bei.

Mit der Atmung will man Sauerstoff aufnehmen. Je mehr Luft man also einatmet, desto besser.

Den meisten Menschen fällt es schon relativ schwer, in den Bauch zu atmen – die Atembewegung erfolgt statt dessen durch das Weiten der Brust und durch das Heben der Schultern. Dadurch wird jedoch nur ein kleiner Teil der Lunge belüftet. Außerdem entstehen durch das Heben der Schultern Verspannungen im Nackenbereich.

Was aber oft noch schwerer fällt, ist eine tiefe Ausatmung. Die Einatmung erfolgt nämlich ziemlich automatisch. Wenn Sie jedoch nur wenig Luft ausatmen, können Sie Brust und Bauch noch so sehr vorwölben – die Atmung wird dadurch nicht tiefer. Konzentrieren Sie sich also vor allem auf das Ausatmen.

Übung:

Legen Sie Ihre Hände auf den Bauch, knapp unterhalb des Nabels.

Schließen Sie Ihre Augen und spüren Sie, wie Sie ein- und ausatmen. Versuchen Sie allmählich, die unteren Lungenflügel zu dehnen. Sie sollten dann unter Ihren Händen spüren, wie sich der Bauch hebt und senkt.

Legen Sie nun Ihre Handflächen auf Ihren unteren Rücken, unterhalb der Nieren. Konzentrieren Sie sich wieder auf die Atmung und versuchen Sie, sie mit Ihren Hände zu spüren und zu vertiefen.

Fitneßlevels

Wie fit sind Sie eigentlich? Irgendwie werden Sie sich schon einschätzen, aber vielleicht wollen Sie ein etwas objektiveres Maß für Ihre Fitneß haben.

Wir werden im Folgenden des öfteren Tabellen aufführen, die angeben, wie schnell und wie lang Sie walken sollten, um ein möglichst gutes Ergebnis, d.h. eine möglichst effektive Steigerung Ihrer Fitneß, zu erreichen. In diesen Tabellen werden Sie vier Stufen finden, die sogenannten Fitneßlevels.

Fitneßlevel I:	sehr gute Fitneß
Fitneßlevel II:	gute Fitneß
Fitneßlevel III:	mäßige Fitneß
Fitneßlevel IV:	schlechte Fitneß

Für die Fitneß spielen viele Faktoren ein Rolle: Alter, Übung, Gesundheitszustand, Gewicht, Herzleistung, Atemvolumen und vieles andere mehr.

Wir haben eine Formel erstellt, in die drei der wichtigsten Faktoren eingehen: Alter, Gewicht und Pulsfrequenz. Eine solche Formel wird natürlich nicht immer dem Einzelfall gerecht werden. Aber Sie können Sie als Anhaltspunkt nehmen; wenn Sie sich dann unter- oder überfordert fühlen, wechseln Sie eben auf den nächsthöheren oder niedrigeren Level.

Zu welcher Altersgruppe gehören Sie?

Altersgruppe	Alter
0	bis 20 Jahre
1	20 – 25 Jahre
2	25 – 30 Jahre
3	30 – 35 Jahre
4	35 – 40 Jahre
5	40 – 50 Jahre
6	50 – 60 Jahre
7	über 60 Jahre

Wie hoch ist Ihr Gewichtsindex?

Dazu berechnen Sie zunächst einmal Ihre Gewichtszahl nach folgender Formel:

(Körpergröße in cm) + (Altersgruppe x 2) – (Gewicht in kg) – 110

Dabei kann eine Zahl über oder unter 0 herauskommen. Sehen sie nun in der unten abgebildeten Tabelle nach, welchem Gewichtsindex Ihre gerade berechnete Gewichtszahl entspricht. Rechts stehen die Gewichtszahlen über 0, links die Gewichtszahlen unter 0 und in der Mitte der entsprechende Gewichtsindex:

Gewichtszahl	**Gewichtsindex**	**Gewichtszahl**
kleiner – 25	6	größer + 20
– 22 bis – 25	5	+ 15 bis + 20
– 20 bis – 23	4	+ 10 bis + 15
– 15 bis – 20	3	+ 7 bis + 10
– 10 bis – 15	2	+ 5 bis + 7
0 bis – 10	1	0 bis + 5

Nun benötigen wir noch Ihre Pulszahl. Dazu müssen Sie zunächst einmal Ihren Puls in Ruhe messen. Nehmen Sie sich eine Uhr mit Sekundenzeiger zur Hand und setzen Sie sich. Fühlen Sie Ihren Puls. Wieviel Schläge zählen Sie in einer Minute?

Sehen Sie nun bitte in der folgenden Tabelle nach, welche Pulszahl (von 1 bis 6) Ihrem gerade gemessenen Ruhepuls entspricht.

Alter	Pulszahl = 1	Pulszahl = 2	Pulszahl = 3	Pulszahl = 4	Pulszahl = 5	Pulszahl = 6
bis 25	bis 55	56 – 58	59 – 62	63 – 66	67 – 70	über 70
25 – 35	bis 60	61 – 63	64 – 65	66 – 68	69 – 72	über 72
35 – 45	bis 64	65 – 67	68 – 70	71 – 72	73 – 75	über 75
45 – 60	bis 68	69 – 70	71 – 72	73 – 76	77 – 80	über 80
über 60	bis 72	73 – 75	76 – 78	79 – 82	83 – 85	über 85

Jetzt haben Sie die Zahlen, die Sie für die Berechnung Ihres Fitneßlevels benötigen: die Altersgruppe, den Gewichtsindex und die Pulszahl. Mit der folgenden Formel können Sie nun Ihren Fitneßlevel berechnen.

$$\frac{\text{Altersgruppe} + \text{Gewichtsindex} + \text{Pulszahl}}{4}$$

Beispiel:

Sie sind 42 Jahre alt, 182 cm groß und wiegen 84 kg. Sie gehören damit zur Altersgruppe 5. Die Berechnung Ihrer Gewichtszahl ergibt – 2. In der Tabelle sehen Sie, daß Ihr Gewichtsindex 1 ist. Nun messen Sie Ihren Puls: 63 Schläge pro Minute. Aus der Tabelle entnehmen Sie Ihre Pulszahl: 1. Nun rechnen Sie: 5 + 1 + 1 = 7. 7 : 4 = 1,75. Ihr Fitneßlevel liegt zwischen I und II. Sie sind also körperlich wirklich fit.

Wie lange soll man walken?

Sie können natürlich einfach immer dann walken, wenn Sie gerade Lust dazu haben. Vielleicht wollen Sie nur die Bewegung und die Entspannung beim Walking genießen und nicht ganz gezielt trainieren.

Aber auch gezieltes Training schließt Spaß keineswegs aus! Wenn Sie Ihr Walking-Training nach den angegebenen Trainingstabellen aufbauen, können Sie sicher sein, kontinuierlich Fortschritte zu machen.

Die Zahlen in der Tabelle geben die Schritte pro Minute (s/m) und die Dauer des Trainings in Minuten (min) an. Beginnen Sie in der ersten Woche und versuchen Sie, die in der Spalte, die Ihrem Fitneßlevel entspricht, angegebenen Werte zu erreichen. Wenn Sie sich überfordert fühlen, sollten Sie den nächsthöheren Fitneßlevel ausprobieren. Wenn es Ihnen scheint, daß das Training zu leicht für Sie ist, sollten Sie trotzdem auf Ihrem Fitneßlevel bleiben, da sich das Training jede Woche steigert.

Die Trainingstabelle gibt die Übungszeiten für vier Wochen an. Wenn Ihnen das Trainingsziel der vierten Woche Mühe bereitet, bleiben Sie so lange dabei, bis es Ihnen leichtfällt. Dann können Sie zur ersten Woche des nächsten Fitneßlevels übergehen.

Trainingsplan: Outdoor Walking

Fitneßlevel	1. Woche		2. Woche		3. Woche		4. Woche	
	s/m	min	s/m	min	s/m	min	s/m	min
I	130	25	140	35	145	40	150	45
II	110	20	120	30	125	30	125	40
III	90	15	95	20	100	25	100	30
IV	60	15	70	15	80	20	85	25

Zusätzlich zu den angegebenen Trainingszeiten sollten Sie sich vorher mindestens fünf Minuten lang aufwärmen. Dazu können Sie die Aufwärmübungen machen, die wir im übernächsten Kapitel vorstellen werden, oder auch einfach mit langsamerem Walking beginnen. Am Ende Ihres Walking-Trainings sollten Sie auch nicht allzu plötzlich aufhören, sondern noch einige Minuten in langsamerem Tempo weiterwalken.

Der optimale Trainingspuls

Wenn Sie Ihr Training ganz individuell und optimal aufbauen wollen, sollten Sie darauf achten, daß Ihr Trainingspuls in seinem optimalen Bereich liegt. Diesen können Sie wie folgt berechnen:

$$\frac{(210 - \text{Alter} - \text{Ruhepuls}) \times 2}{3} + \text{Ruhepuls}$$

Eine Tabelle finden Sie auch im Kapitel über die physiologischen Vorgänge beim Walking.

Diese Empfehlungen können aber nicht die exakte Ermittlung der zumutbaren Belastung durch Ihren Arzt ersetzen. Wenn Sie über 40 Jahre alt sind, an Bluthochdruck leiden, starker Raucher sind oder deutliches Übergewicht haben, sollten Sie Ihren Arzt fragen, bevor Sie ein intensives Training aufnehmen!

Sie sollten Ihren Trainingspuls mindestens dreimal während Ihres Trainings kontrollieren: am Anfang, zwischendurch und nach dem Training. Am günstigsten ist es natürlich, wenn Sie durch ein Herzfrequenzmeßgerät die ständige Kontrolle haben. Sonst können Sie die Sechs-Sekunden-Methode einsetzen: Sie messen Ihren Puls 6 Sekunden lang und nehmen das Ergebnis mal zehn.

Wir empfehlen Ihnen auch, Ihre Messungen aufzuschreiben, da Sie dann eine gute und objektive Übersicht über Ihre Trainingsfortschritte haben.

Kapitel 5: Walking-Workouts

Allgemeines

Mit den Walking-Workouts können Sie unabhängig von Wind und Wetter, von Umgebung und Zeit, zu Hause, in der Mittagspause, morgens vor dem Frühstück oder abends vor dem Abendessen trainieren. Sie brauchen für die Walking-Workouts außerdem kaum Platz – 1,5 m x 1,5 m reichen völlig aus, um alle Bewegungen ausführen zu können.

In gewisser Weise lassen sich die Workouts gut mit Aerobic vergleichen. Allerdings ist Walking bei gleichem Leistungsausbau wesentlich schonender für Ihre Gesundheit, besonders für die Gelenke. Der Einsatz von Musik ist bei den Workouts sinnvoll: erstens weil es dann mehr Spaß macht, und zweitens, weil es damit leichter fällt, den Rhythmus zu halten.

Damit Sie ganz gezielt trainieren können, haben wir vier verschiedene Workouts ausgearbeitet, die jeweils gezielt auf einen bestimmten Aspekt eingehen.

Die Walking-Workouts stellen schon für sich ein hervorragendes Fitneßprogramm und eine Alternative zum Outdoor-Walking dar. Am besten ist es aber natürlich, wenn Sie beide Trainingsarten miteinander verbinden.

Auch für die Workouts gilt, daß es vor allem auf die Regelmäßigkeit ankommt. Dreimal die Woche sollten Sie sich schon Zeit nehmen. Die Trainingszeiten steigern sich dabei von Fitneßlevel IV bis Fitneßlevel I. (Zu den Fitneßlevels lesen Sie bitte das vorangegangene Kapitel, ab Seite 53).

Zu jedem Workout haben wir eine Trainingstabelle aufgestellt, die Sie als Anhaltspunkt nehmen können. Wenn Sie nach der Tabelle vorgehen, steigern Sie Ihre Fitneß mit Sicherheit kontinuierlich.

Es ist egal, mit welchem Workout Sie beginnen. Wenn Sie aber Ihre Fitneß von Grund auf neu aufbauen wollen, sollten Sie die

Workouts der Reihe nach durchführen – jeden jeweils gemäß dem Trainingsplan vier Wochen lang, und dann gehen Sie zum nächsten über. Wenn Sie die Workouts alle durchgemacht haben, können Sie sich ein individuelles Programm aus den Übungen der einzelnen Workouts zusammenstellen und damit Ihre Leistung steigern, soweit Sie wollen.

Der Grundschritt

Die Technik ist im Grunde dieselbe wie beim Outdoor Walking. Da die Workouts jedoch hauptsächlich auf der Stelle ausgeführt werden, setzen Sie nicht die Ferse, sondern den Ballen zuerst auf.

Wichtig ist es, dabei auf das richtige Abrollen des Fußes zu achten. Der Fuß setzt nicht mit seiner ganzen Fläche, sondern mit dem Ballen auf und rollt bis zur Ferse ab. Das Abstoßen geschieht ebenfalls nicht mit dem ganzen Fuß, sondern man rollt ihn von der Ferse bis zu den Zehen ab.

Der Back-Step

Beim Step Workout werden Sie auch einige Schritte rückwärts machen. Dadurch trainieren Sie die hinteren Beinmuskeln.

Beim Back-Step heben Sie das Bein wie gewohnt, schwingen es dann jedoch hinter den Körper und setzen mit dem Fußballen auf. Rollen Sie anschließend den Fuß ganz ab.

Diese Rückwärtsschritte erfordern möglicherweise ein wenig Übung, da wir es natürlich nicht gewohnt sind, im Alltag rückwärts zu gehen. Sie können das Rückwärtsgehen auch als eigene Übung ausführen.

Der Cross-Step

Beim Step Workout machen Sie auch Schritte zur Seite. Wenn sich dabei die Beine kreuzen, nennen wir das Cross-Step.

Sie ziehen das Schrittbein wie gewohnt nach oben, wobei Sie den Fuß von der Ferse bis zu den Zehen abrollen, und kreuzen dann vor dem Standbein. Der Fuß setzt mit der Außenkante auf und rollt seitlich zur Innenkante der Fußsohle hin ab.

Der Side-Step

Beim geraden Schritt zur Seite – also ohne Überkreuzen – geschieht das Beinheben und das Abrollen des Fußes ebenfalls wie gewohnt. Der Fuß setzt jedoch mit der Innenkante auf und rollt seitlich zur Außenkante hin ab.

Condition Workout

Beim Condition Workout geht es, wie Sie sich wohl schon gedacht haben, vor allem um den Aufbau einer guten Grundkondition. Eine gute Kondition ist der Kernpunkt einer zufriedenstellenden Leistungsfähigkeit bis ins Alter. Es werden vor allem der Kreislauf, die Leistung des Herzmuskels und die Durchblutung gefördert.

Beim Condition Workout sind die Bewegungen besonders einfach, denn es geht hauptsächlich um das Tempo. Im Laufe des Trainings erhöhen Sie die Schrittzahl pro Minute und die Trainingsdauer.

Gerade beim Condition Workout ist es wichtig, daß Sie kontrolliert üben. Wenn Sie zu wenig üben, ist Ihr Körper unterfordert, und Sie werden Ihre Kondition kaum verbessern können. Wenn Sie übertreiben und sich überfordern, bringt das Ihrer Kondition auch nichts, und Sie wachen am nächsten Tag mit einem Muskelkater auf. Kontrollieren Sie ab und zu Ihren Belastungspuls – Tips und Tabellen dazu finden Sie im vorausgegangenen Kapitel.

Trainingsplan: Condition Workout

Fitneß-level	Übung	1. Woche min	2. Woche min	3. Woche min	4. Woche min
IV	1 2 3/4	5 10 3/3	5 15 3/3	4 18 3/3	3 20 3/3
III	1 2 3/4	4 15 4/3	4 20 4/3	4 23 4/3	3 25 4/3
II	1 2 3/4	4 20 5/3	4 24 5/3	4 27 4/3	3 30 4/3
I	1 2 3/4	4 20 6/4	4 23 5/4	4 26 5/4	3 30 4/4

Die Zahlen stellen Richtwerte dar, an die Sie sich nicht unbedingt halten müssen, wenn Sie sich dabei unter- oder überfordert fühlen.

Stufe 1: Die Aufwärmphase

Um die Muskulatur an die schnellen Schritte, die Sie beim Condition Workout ausführen werden, zu gewöhnen, ist es sinnvoll, eine langsamere Aufwärmphase voranzustellen. Mit dem Aufwärmen bereiten Sie Ihren Körper auch für die folgenden, anstrengenderen Bewegungen vor und belasten Ihren Kreislauf weniger, als wenn Sie gleich mit aller Kraft loslegen.

Übung 1:

Sie gehen langsam auf der Stelle. Anders als beim Outdoor Walking setzen Sie nicht die Ferse, sondern den Fußballen zuerst auf. Der Bewegungsablauf entspricht ansonsten dem normalen Schritt. Ihre Arme schwingen zunächst ohne Ihr Zutun mit.

Bleiben Sie vorerst ganz locker und werden Sie noch nicht schneller. Behalten Sie ein gemütliches Tempo bei, aber beginnen Sie, die Beine etwas höher anzuheben. Beim Aufwärmen sollten Sie allerdings noch keinerlei Anstrengung spüren.

Nehmen Sie nun die Arme hinzu. Schwingen Sie die Arme immer höher – die Bewegung bleibt aber langsam. Allmählich sollten Sie Ihre Hände beim Vorschwingen über Kopfhöhe und beim Zurückschwingen weit hinter den Körper bringen.

Stufe 2: Die Trainingsphase

Nun geht's richtig los!

Kontrollieren Sie zwischendurch immer wieder einmal Ihren Belastungspuls und versuchen Sie, ihn auf dem Optimum zu halten.

Übung 2:

Ihre Arme schwingen jetzt so kurz, daß sie Ihr Schrittempo unterstützen. Je schneller der Schritt, desto kürzer der Armschwung.

Steigern Sie die Geschwindigkeit, bis Sie das Tempo erreicht haben, das Ihrem Fitneßlevel entspricht. Sehen Sie sich dazu bitte die folgende Tabelle an.

Fitneßlevel	Schritte pro Minute	Schritte pro 6 Sekunden
IV	50 – 70	5 – 7
III	70 – 110	7 – 11
II	110 – 140	11 – 14
I	140 – 170	14 – 17

Das Tempo halten Sie so lange durch wie im Trainingsplan angegeben. Wenn Sie nach den vier Wochen zunächst beim Condition Workout bleiben wollen, wechseln Sie zum nächsthöheren Fitneßlevel.

Stufe 3: Die Abkühlphase

Der Übergang von der Trainings- in die Ruhephase sollte nicht zu abrupt erfolgen. Sie werden sich besser fühlen, wenn Sie dem Training eine Abkühlphase folgen lassen. Der Trainingseffekt ist dann auch höher, da der Puls langsamer zu seinem Ruhewert zurückkehrt.

Übung 3:

Behalten Sie Ihr Tempo zunächst bei, verringern Sie jedoch allmählich die Schritthöhe, bis schließlich die Füße den Boden nicht mehr verlassen. Die Fußsohlen rollen jedoch weiterhin ab – bis zu den Zehen und wieder zurück.

Übung 4:

Werden Sie nun langsamer und verringern Sie Ihre Schrittzahl auf die Werte entsprechend der folgenden Tabelle:

Fitneßlevel	Schritte pro Minute	Schritte pro 6 Sekunden
IV	40	4
III	50	5
II	60	6
I	70	7

Während dieser Abkühlphase dehnen Sie den Brustkorb, indem Sie mit den Armen große Kreise beschreiben. Heben Sie dabei den Kopf ein wenig nach oben und atmen Sie tief ein und aus.

Mit diesem Workout Programm können Sie Ihre Muskulatur stärken. Durch die Übungen werden praktisch alle Muskeln angesprochen. Sie können diesen Workout also auch als eine Art leichtes Bodybuilding auffassen.

Dazu ist es nötig, den Muskeln etwas zusätzlichen Widerstand zu bieten. Sie benötigen für den Power Workout also Gewichte. Um die Armbewegungen zu erschweren, nehmen Sie entweder Hanteln oder spezielle Gewichtsmanschetten; für die Beine kommen natürlich nur Gewichtsmanschetten in Betracht.

Die folgende Tabelle gibt Ihnen einen Anhaltspunkt dafür, welche Gewichtsbelastung (in kg) Sie wählen sollten.

Fitneßlevel	**Frauen** Arme/Beine	**Männer** Arme/Beine
I	1,5/1,5	2,0/2,0
II	1,0/1,0	1,5/1,5
III	0,5/1,0	1,0/1,5
IV	0,5/0,5	1,0/1,0

Die Zahlen geben das Gewicht für *einen* Arm beziehungsweise ein Bein an. Nehmen Sie jede Trainingswoche 0,5 kg hinzu. Das hängt aber natürlich auch davon ab, wie stark Sie Ihre Muskeln aufbauen wollen. Je mehr Gewicht Sie nehmen, desto größer werden Ihre Muskeln, und je schneller Sie walken, desto kompakter wird Ihre Muskulatur.

Die wichtigsten Muskeln und ihre Funktion beim Walking:

- Abdominalis (Bauch): hebt den Oberschenkel
  Diese Muskeln trainieren Sie beim Beinheben. Wenn Sie Gewichte an den Beinen tragen, können Sie also beim Power Workout Ihren Bauch straffen.
- Bizeps (Oberarm): beugt den Arm
  Um diesen Muskel optimal zu trainieren, müssen Sie darauf achten, bei den Armschwüngen die Handflächen nach oben zu drehen.
- Deltoideus (Schulter): hebt den Arm seitlich und zieht ihn zurück
  Wenn Sie diesen Muskel trainieren, bekommen Sie kräftigere Schultern. Für das gezielte Training ist es wichtig, den Arm möglichst weit geradlinig nach hinten zu ziehen.
- Gluteus (Po): streckt den Oberschenkel
  Beim Outdoor Walking wird dieser Muskel gut trainiert, da man sich mit dem Bein abstößt. Beim Power Workout zeigen wir Ihnen eine Übung, mit der Sie Ihren Po gezielt trainieren können.
- Pectoralis (Brust): zieht den Arm nach innen
  Auch Frauen können mit dieser Übung ihre Brust straffen und ein wenig den Folgen der Schwerkraft entgegenwirken.
- Quadriceps (Oberschenkel): streckt den Unterschenkel
  Wenn das Bein ganz gestreckt ist, ist dieser Muskel angespannt. Beim Walking wird er natürlich ausgiebig eingesetzt. Gezieltes Training hilft auch bei der Bekämpfung der Zellulitis.
- Trapezius (oberer Rücken): zieht Schulter nach hinten, hebt Arm
  Dieser große Rückenmuskel ist wichtig für eine gute Haltung. Sie trainieren ihn gezielt mit Übung 9.

Trainingsplan: Power Workout

Fitneßlevel	Übung	1. Woche min	2. Woche min	3. Woche min	4. Woche min
IV	5 6/7 8	6 4/4 3	5 5/5 3	4 6/6 3	4 7/7 3
III	5 6/7 8	5 7/7 4	4 9/9 4	4 11/11 3	3 13/13 3
II	5 6/7 8	4 13/13 4	4 14/14 5/3	4 15/15 4/3	3 16/16 4
I	5 6/7 8	4 16/16 4	4 17/17 4	4 18/18 4	3 20/20 4

Mit zunehmender Fitneß können Sie zusätzlich das Tempo steigern, um Ihre Traingsleistung weiter zu steigern.

Stufe 1: Die Aufwärmphase

Beim Power Workout ist das Aufwärmen besonders wichtig, da die Muskeln gegen einen ungewohnten Widerstand arbeiten müssen. Seien Sie gerade am Anfang vorsichtig!

Übung 5:

Beginnen Sie mit langsamen, kleinen Schritten auf der Stelle. Achten Sie auf die Gewichtsbelastung und darauf, wie sich Ihr ganzer Körper dieser veränderten Belastung anpaßt.

Während Sie nun weiterhin kleine Schritte machen, heben Sie langsam Ihre Arme bis in Schulterhöhe und lassen sie dann wieder sinken.

Heben Sie Ihre Knie nun etwas höher und machen Sie vollständige Armschwünge, bewegen Sie also Ihre leicht geschlossenen Fäuste bis in Schulterhöhe. Selbstverständlich schwingt auch hier der rechte Arm gleichzeitig mit dem linken Bein und der linke Arm mit dem rechten Bein.

Lockern Sie sich jetzt noch etwas, indem Sie schnelle Schritte machen, ohne dabei jedoch die Füße vom Boden zu entfernen; der Fuß rollt lediglich bis zu den Zehen ab und senkt sich dann wieder. Die Arme pendeln aktiv mit.

Stufe 2: Die Trainingsphase

Anfangs ist es etwas schwer, die Bewegungen von Armen und Beinen miteinander zu koordinieren. Wenn Sie es jedoch vier- oder fünfmal langsam probiert haben, wird es Ihnen sicher leichtfallen.

Übung 6:

Diese Übung stärkt vor allem die Bauch- und Oberschenkelmuskulatur sowie den Bizeps und den oberen Rücken.

Die erste Phase der Beinbewegung kennen Sie bereits: Der Fuß rollt ab und Sie heben das Knie. Anstatt den Fuß jedoch nun gleich wieder abzusetzen, strecken Sie das Bein durch.
Dabei sollten Sie auf zwei Punkte besonders achten:

- *Strecken* Sie das Bein, aber schleudern Sie es nicht vor!
- Lassen Sie Ihre Knie nicht absinken!

Natürlich machen Sie mit der Beinbewegung auch Armschwünge. Drehen Sie die Handflächen nach oben. Während sich das rechte Bein hebt, schwingt der linke Arm zunächst gerade nach vorn, bevor Sie ihn anwinkeln. Wenn Sie nun das Bein strecken, stoßen Sie mit der Faust gerade nach oben.

Bevor Sie den Fuß wieder aufsetzen, führen Sie die Bewegung in umgekehrter Reihenfolge durch.

Übung 7:

Diese Übung stellt den Gegenpol zur vorhergehenden Übung dar. Sie stärkt vor allem den Po, den unteren Rücken und die Armstrecker.

Rollen Sie den Fuß ab wie gewohnt, aber heben Sie ihn nur ein kleines Stück vom Boden ab. Ziehen Sie nun den Unterschenkel etwas an, so daß die Fußsohle nach hinten zeigt. Dann drücken Sie den Fuß nach hinten. Stellen Sie sich vor, Sie würden sich von einer Wand hinter Ihnen abstoßen.

Der Armschwung unterscheidet sich hier grundsätzlich von dem, den Sie bisher geübt haben. In der Abstoßphase schwingen Ihre Arme vor den Körper, wo sich die Hände kreuzen. Wenn Sie das Bein nach hinten stoßen, bewegen Sie Ihre Arme nach außen hinten, so daß Sie die Brust dehnen.

Vor dem Aufsetzen des Fußes ziehen Sie das Knie wieder vor den Körper. Die Arme schwingen ebenfalls wieder nach vorne. Wenn Sie den Fuß auf dem Fußballen aufsetzen und abrollen, sollten sich die Arme wieder neben dem Körper befinden. Ohne zu unterbrechen schwingen die Arme wieder vor den Körper, während der andere Fuß abrollt und Sie das Knie heben.

Stufe 3: Die Abkühlphase

Beim Power Workout sollten Sie ebenfalls unbedingt eine Abkühlphase durchführen, damit Sie sich auch direkt nach dem Training wohl fühlen.

Übung 8:

Sie stehen nun auf einem Bein und heben das andere. Heben Sie das Bein nur mäßig an und führen Sie kreisende Bewegungen aus, als würden Sie mit einem Bein radfahren.

Währenddessen lassen Sie Ihre Arme seitlich von Ihrem Körper kleine Kreise beschreiben.

Machen Sie etwa zehn solche Bewegungen, bevor Sie zum anderen Bein wechseln.

Beginnen Sie langsam und steigern Sie das Tempo etwa während des ersten Viertels der Abkühlphase. Die übrigen drei Viertel verlangsamen Sie dann Ihr Tempo gleichmäßig, bis die Bewegung schließlich zum Stillstand kommt.

Wenn Sie schon vorher spüren, daß es zu anstrengend wird, heben Sie die Beine weniger hoch oder heben Sie lediglich die Fersen, während die Zehen auf dem Boden bleiben.

Flex Workout

Die Bewegungen dieses Workout-Programms dienen vor allem dazu, die Beweglichkeit zu erhöhen. Die Bewegungen von Armen und Beinen werden dabei größer und ausladender ausgeführt.

Eine gute Flexibilität ist wichtig, um sich wohl zu fühlen und Verletzungen vorzubeugen. Wenn ein Muskel flexibel ist, holt man sich nicht so leicht eine Zerrung.

Beim Flex Workout sollten Sie besonders darauf achten, daß Sie die Übungen der Aufwärmphase wirklich gründlich durchführen. Versuchen Sie nicht, Beweglichkeit zu erzwingen – damit erreichen Sie eher das Gegenteil: Zerrungen und Verletzungen, die Sie unbeweglicher machen! Wenn Sie nach dem Trainingsplan vorgehen, werden Sie schnell Erfolge feststellen.

Trainingsplan: Flex Workout

Fitneßlevel	Übung	1. Woche min	2. Woche min	3. Woche min	4. Woche min
IV	9/10 11/12 13/14	4/4 4/4 3/2	4/4 5/5 3/2	4/4 6/6 3/2	3/3 7/7 3/2
III	9/10 11/12 13/14	3/3 7/7 3/2	3/3 9/9 3/2	3/3 11/11 3/2	3/3 13/13 3/2
II	9/10 11/12 13/14	3/3 13/13 3/2	3/3 14/14 3/2	3/3 15/15 3/2	3/3 16/16 3/2
I	9/10 11/12 13/14	3/3 16/16 3/2	3/3 17/17 3/2	3/3 18/18 3/2	3/3 20/20 3/2

Stufe 1: Die Aufwärmphase

Wenn Sie wollen, können Sie die folgenden Aufwärmübungen für den Flex Workout durch die Aufwärm- und Stretchingübungen im folgenden Kapitel ersetzen. Wenn mangelnde Beweglichkeit für Sie das zentrale Problem ist, empfehlen wir Ihnen sogar, zuerst die Aufwärm- und Stretchingübungen und dann zusätzlich die speziellen Aufwärmübungen für den Flex Workout durchzuführen.

Übung 9:

Walken Sie langsam auf der Stelle und ziehen Sie Ihre Knie dabei möglichst hoch.

Diesmal nehmen Sie ausnahmsweise den Arm der *gleichen* Seite mit und führen ihn gestreckt bis über den Kopf.

Wenn Sie das Knie so weit hochgezogen haben, wie Sie können, und sich die Hand über Ihrem Kopf befindet, stellen Sie sich noch auf die Zehen des Standbeines.

Beim Beinwechsel gehen Sie in umgekehrter Reihenfolge vor. Zunächst senken Sie wieder den Fuß des Standbeines, dann kehren der erhobene Arm und das erhobene Bein in die Ausgangsstellung zurück. Vergessen Sie nicht, den Fuß richtig abzurollen.

Übung 10:

Ziehen Sie nun Ihre Knie *seitlich* vom Körper hoch. Dabei verlagern Sie zunächst Ihr Gewicht auf das Standbein, rollen den unbelasteten Fuß bis zum Ballen ab, drehen die Ferse nach innen und heben dann das Bein.

Der Armschwung erfolgt wieder mit dem Arm der gleichen Seite, der angewinkelt über den Kopf geführt wird, so daß Sie z.B. die linke Faust schließlich über dem rechten Ohr halten.

Hierbei ist es besonders wichtig, daß Sie darauf achten, das Knie des jeweiligen Standbeines nicht zu verdrehen!

Übung 11:

Sie beginnen wie gewohnt: Ein Fuß rollt ab und Sie heben das Knie. Statt das Bein nun wieder abzusenken, führen Sie das Knie in einem Halbkreis zur Seite. Verdrehen Sie dabei nicht das Knie des Standbeines!

Bei dieser Bewegung nehmen Sie mit beiden Armen Schwung. Während das Knie nach oben geht, schwingen beide Arme vor dem Körper gerade nach oben. Indem das Knie zur Seite geht, werden die Arme in einem großen Kreis an die Seite geführt. Wenn der Fuß den Boden berührt, sind auch die Arme wieder in der Ausgangsstellung.

Übung 12:

Sie walken auf der Stelle, führen aber das Knie nicht direkt nach oben, sondern schräg nach innen. Wenn also der rechte Fuß gehoben ist, bewegt sich das rechte Knie in Richtung der linken Schulter.

Der Armschwung erfolgt mit *beiden* Armen in entgegengesetzter Richtung in einem Halbkreis zur Seite. Hebt sich also das rechte Bein, wird der rechte Arm mit der Handfläche nach oben zur rechten Seite gestreckt. Der linke Arm wird ebenfalls zur rechten Seite geführt, so daß er vor dem Körper liegt. Die linke Hand zeigt mit dem Handrücken nach oben etwa in Höhe der rechten Schulter.

Stufe 3: Die Abkühlphase

Anstelle der hier vorgestellten Übungen können Sie auch die Dehnungsübungen aus dem folgenden Kapitel einsetzen.

Übung 13:

Walken Sie mit kleinen Schritten auf der Stelle. Beginnen Sie mit einem Tempo, das Ihren momentanen Trainingspuls aufrechterhält, und reduzieren Sie allmählich auf das halbe Tempo.

Die Arme schwingen Sie dabei, ähnlich wie in Übung 12, in die dem erhobenen Bein entgegengesetzte Richtung. Heben Sie jedoch die Arme nicht oder nur wenig.

Achten Sie darauf, die Knie nicht zur Seite zu drehen; die Drehbewegung sollte aus dem Oberkörper kommen.

Übung 14:

Machen Sie einen Schritt vorwärts wie beim Outdoor Walking. Sie rollen also den Fuß zu den Zehen hin ab, heben ihn, schwingen ihn nach vorn, setzen mit der Ferse auf und rollen ihn von der Ferse zum Ballen hin ab. Der hintere Fuß bleibt mit seiner gesamten Fläche auf dem Boden. Verlagern Sie Ihr Gewicht noch ein wenig nach vorne, so daß Sie die Wadenmuskulatur des hinteren Beins dehnen.

Der Armschwung erfolgt mit beiden Armen und ähnelt einer Schwimmbewegung. Die Arme gehen vor dem Körper nach vorn. Während Sie die Waden dehnen, bewegen Sie die angewinkelten Arme zur Seite, so daß auch Ihre Brust gedehnt wird.

Step Workout

Mit dem Step Workout trainieren Sie Ihre Koordinationsfähigkeit, d.h. Sie erlangen ein besseres Körperbewußtsein. Dies geschieht dadurch, daß Sie die Schritte ganz bewußt machen müssen, da die Schrittfolge nicht gleichmäßig ist.

Zum Step Workout benötigen Sie ein Hilfsmittel: ein Fußbänkchen, eine Holzkiste oder, wenn Sie Übung haben, auch einen kleinen Hocker.

Trainingsplan: Step Workout

Fitneßlevel	Übung	1. Woche min	2. Woche min	3. Woche min	4. Woche min
IV	15/16	3/3	3/3	3/3	3/3
	17/18	4/4	5/5	6/6	7/7
	19	3	4	5	6
III	15/16	3/3	4/4	4/4	5/5
	17/18	5/5	5/5	6/6	6/6
	19	5	5	6	7
II	15/16	5/5	5/5	5/5	5/5
	17/18	5/5	6/6	7/7	7/7
	19	5	6	7	8
I	15/16	5/5	6/6	6/6	7/7
	17/18	6/6	6/6	7/7	7/7
	19	5	6	6	7

Steigern Sie die Geschwindigkeit, bis Sie das Tempo erreicht haben, das Ihrem Fitneßlevel entspricht:

Fitneßlevel	Schritte pro Minute	Schritte pro 6 Sekunden
IV	30 – 50	3 – 5
III	50 – 70	5 – 7
II	70 – 90	7 – 9
I	>90	>9

Stufe 1: Die Aufwärmphase

Bereiten Sie auch hier Ihre Muskeln auf die folgenden ,,Anstrengungen" sorgsam vor.

Übung 15:

Stellen Sie sich vor das Treppchen und machen Sie einen normalen Walking-Schritt mit dem rechten Fuß auf das Treppchen. Sie setzen wie gewohnt mit der Ferse auf und rollen den Fuß ab, während Sie sich mit dem linken Fuß abstoßen und ihn neben den rechten auf das Treppchen setzen.

Setzen Sie nun den rechten Fuß zurück auf den Boden. Der Fuß rollt dabei wie gewohnt ab, das Knie wird ein wenig hochgezogen, das Bein nun jedoch unter dem Körper durchgeschwungen und der Fuß mit dem *Ballen* aufgesetzt.

Der Armschwung entspricht dem beim Outdoor Walking.

Machen Sie diese Übung fünf- bis zehnmal. Anschließend wechseln Sie, beginnen auf dem linken Fuß und üben wiederum fünf- bis zehnmal.

Übung 16:

Diesmal steht das Treppchen hinter Ihnen. Sie rollen den Fuß wie gewohnt ab, müssen nun aber den Unterschenkel stärker anwinkeln, um beim Schritt rückwärts auf das Treppchen mit dem Ballen aufsetzen und den Fuß richtig abrollen zu können. Auch den nachgesetzten Fuß setzen Sie mit dem Ballen zuerst auf.

Achten Sie darauf, daß Sie sich bei den Schritten vom Treppchen hinunter nicht fallen lassen, sondern kontrolliert aufsetzen. Dazu müssen Sie eventuell auf dem Standbein etwas in die Knie gehen.

Auch hier sollten Sie nach einigen Schritten das Bein wechseln, mit dem Sie zuerst auf das Treppchen steigen.

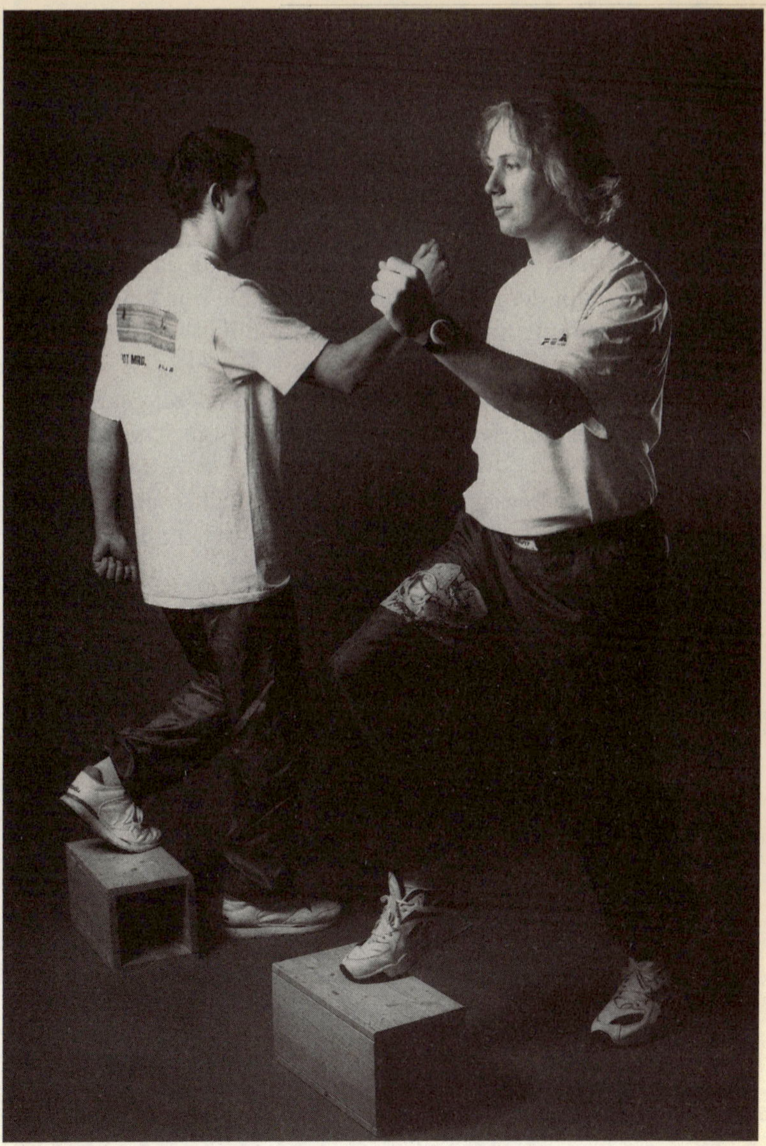

Achten Sie bei diesem Übungsblock besonders darauf, auch bei gesteigertem Tempo nicht „aus dem Tritt" zu kommen.

Übung 17:

Stellen Sie sich an die linke Seite des Treppchens. Beginnen Sie mit dem rechten Bein.

Steigen Sie seitwärts mit dem rechten Fuß auf das Treppchen und setzen Sie mit dem *Ballen* auf. Machen Sie nun einen Schritt mit dem linken Bein und setzen Sie den linken Fuß neben den rechten auf das Treppchen.

Dann machen Sie wieder einen Schritt mit dem rechten Fuß und setzen ihn auf der anderen Seite des Treppchens ab. Der linke Fuß folgt nach.

Nun beginnt die Bewegung in umgekehrter Reihenfolge. Sie steigen mit dem linken Fuß auf das Treppchen, folgen mit dem rechten usw.

Der Armschwung entspricht dem normalen Armschwung beim Outdoor Walking.

Übung 18:

Sie stehen wieder auf der linken Seite des Treppchens.

Nun setzen Sie jedoch den linken Fuß auf das Treppchen, d.h. Sie müssen vor dem rechten Bein kreuzen. Dann schwingen Sie das rechte Bein über das Treppchen und setzen den rechten Fuß daneben ab. Darauf folgt der Schritt mit dem linken Fuß vom Treppchen und das Absetzen neben dem rechten Fuß auf dem Boden.

Nun erfolgt die Bewegung in umgekehrter Reihenfolge: Das rechte Bein kreuzt vor dem linken, und der rechte Fuß setzt auf dem Treppchen auf usw.

Übung 19:

Das Treppchen steht wieder vor Ihnen.

Sie beginnen mit einem Schritt des rechten Fußes auf das Treppchen. Das linke Bein macht darauf einen Schritt über das Treppchen hinweg auf die andere Seite.

Der rechte Fuß bleibt weiterhin auf dem Treppchen, während der linke Fuß wieder abstößt und zurück auf den Boden vor dem Treppchen aufsetzt.

Nun setzen Sie auch den rechten Fuß wieder zurück auf den Boden. Sie stehen jetzt wie zu Beginn mit beiden Beinen vor dem Treppchen und können die Bewegung anschließend mit dem linken Fuß zuerst weiterführen.

Die Arme schwingen Sie wie gewohnt mit.

Denken Sie daran, wirklich jedes Mal den Fuß kontrolliert abzurollen und aufzusetzen.

POLAR
POLAR

Kapitel 6: Stretching und Aufwärmübungen

Die Bedeutung von Stretching und Aufwärmübungen

Im Folgenden möchten wir Ihnen als Ergänzung zu Ihrem täglichen Walking-Programm einige Übungen zeigen, die Ihnen helfen werden, sich optimal auf das Walking vorzubereiten. Es handelt sich dabei um einfache Stretching-, Lockerungs- und Aufwärmübungen.

Stretching kommt aus dem Amerikanischen; „to stretch" heißt übersetzt „dehnen" oder auch „strecken". Bereits in den 50er Jahren kam die Stretching-Methode aus den Reihen amerikanischer Spitzensportler nach Europa. Insbesondere die Leichtathleten benützten diese Dehnübungen, die inzwischen auch in Deutschland große Verbreitung gefunden haben, um sich für ihr Training optimal aufzuwärmen.

Inzwischen gibt es wohl keine Sportart mehr, die nicht durch einige Stretch- oder Dehnübungen vorbereitet und ergänzt würde. Allerdings gibt es Sportarten, die ein vorheriges Aufwärmen sehr viel dringlicher erfordern als andere. Vor allem im Leistungssport ist Stretching nicht mehr wegzudenken.

Die sehr sanfte und ungefährliche Fitneßmethode des Walking macht vorheriges Aufwärmen sicherlich nicht unbedingt notwendig. Sie können also beim Walking, gerade wenn Sie nur sehr wenig Zeit für sportliche Aktivitäten aufwenden möchten, auf Stretching-, Aufwärm- und Lockerungsübungen verzichten. Sie werden auch dann kaum Gefahr laufen, sich ernsthaftere Verletzungen zuzuziehen.

Allerdings muß betont werden, daß ein kurzes Aufwärmprogramm gerade in der kalten Jahreszeit durchaus sehr sinnvoll wäre. Dasselbe gilt, wenn Sie bereits etwas älter sind. Auch dann sollten Sie auf Stretching möglichst nicht verzichten.

Neben der optimalen Vorbereitung auf kommende Belastungen eignen sich die folgenden Übungen auch hervorragend für die Entwicklung Ihrer allgemeinen Fitneß. Dabei benötigen Sie für ein kurzes Aufwärmprogramm nur etwa zehn Minuten.

Durch Stretching kann das Dehnungsvermögen der Muskulatur erheblich gesteigert werden. Dadurch wird die Flexibilität des gesamten Körpers verbessert. Gerade der weitverbreitete Bewegungsmangel führt zu einer Verkürzung der Muskulatur, die wiederum eine starke Einschränkung der Bewegungsfreiheit zur Folge haben kann. Verkürzte Muskeln können sich auch in Form von Koordinationsschwierigkeiten beim Walking bemerkbar machen.

Unter Koordination versteht man in diesem Fall das Zusammenspiel der verschiedenen Muskelgruppen bei bestimmten Bewegungsabläufen. Je besser die Koordination ist, desto leichter fällt Ihnen die Ausübung Ihrer Sportart und desto mehr Spaß macht sie Ihnen letztlich auch, da Sie bei optimaler Koordination nur wenig Energie für die Bewegung aufwenden müssen.

Wie wichtig Stretchingübungen für die Erhaltung der Gesundheit sind, zeigt sich auch darin, daß die Krankengymnastik schon seit langem mit Dehnübungen arbeitet. Diese Dehnungen fördern die Durchblutung der durch einseitige Lebensweise verkürzten und verkümmerten Muskulatur. Die Verbesserung der Durchblutung hilft auch bei der Entwicklung einer leistungsfähigen Muskulatur.

Übrigens kennt auch das jahrtausendealte Yoga der Inder Stretching-Techniken, die sogenannten „Asanas" oder Yogastellungen. Im Gegensatz zum westlichen, leistungsorientierten Ansatz im Sport geht es dem Yogaübenden um die Entwicklung seiner Persönlichkeit sowie um die Steigerung seiner Bewußtheit. Wenn wir Stretching betreiben, so können wir uns dabei durchaus die ein oder anderen Yogaprinzipien zunutze machen.

Je stärker Sie bei den folgenden Übungen nämlich die Betonung auf langsame Ausführung und intensives Üben legen, desto eher werden Sie mechanisches Üben vermeiden und desto entspannender und wohltuender werden die Übungen auch sein. Wenn Sie sich also darum bemühen, die Übungen nicht nur äußerlich korrekt auszuführen, sondern wenn es Ihnen zusätzlich noch gelingt, vorsichtig mit Ihrem Körper umzugehen, sich auf den gedehnten Muskel zu konzentrieren und den Atem frei fließen zu lassen, dann werden die Auswirkungen den rein körperlichen Bereich weit überschreiten, und Sie werden auch zu psychischer Entspannung und geistiger Wachheit finden.

Denken Sie immer daran, daß Stretching entspannend sein und Spaß machen sollte. Das gleiche gilt übrigens auch für das Walking. Wann immer Sie bei einer der Übungen Schmerzen spüren, müssen Sie die Übung sogleich abbrechen.

Schmerz ist ein wertvolles Signal, das Ihnen zeigt, daß Sie es wahrscheinlich ein bißchen übertrieben haben. Bei massiven Schmerzen in einem bestimmten Muskel oder Gelenk ist natürlich der Arzt zu konsultieren, um mögliche Verletzungen oder Schädigungen herauszufinden und bald zu behandeln.

Die folgenden Übungen sind zum einen in Lockerungs- und Aufwärmübungen, zum anderen in Stretching-Techniken aufgeteilt. Es genügt, wenn Sie sich anfangs einige der Übungen heraussuchen und fünf bis zehn Minuten Zeit dafür aufwenden. Sie sollten sich übrigens nicht frustrieren lassen, wenn Sie anfangs noch recht unbeweglich sind. Schon nach kurzer Zeit regelmäßigen Übens wird sich Ihre Flexibilität immer mehr erhöhen, und diese Tatsache gilt unabhängig von Ihrem Alter.

Am besten üben Sie unmittelbar vor Ihrem Walking-Training. Achten Sie dabei auf eine feste Unterlage, die aber nicht zu hart sein sollte. Üben Sie also beispielsweise auf einem weichen Teppich oder einer zusammengefalteten Decke. Besonders günstig wäre natürlich eine spezielle Gymnastikmatte. Achten Sie ferner darauf, daß die Raumtemperatur so hoch ist, daß Sie sich nicht verkrampfen, weil Sie frieren. Eine angenehme Wärme ermöglicht Ihnen ein Höchstmaß an Entspannung.

Übrigens können Sie auch nach einem langen Walking-Training einige Stretching-Techniken anwenden. Durch Dehnungsübungen kommt es nämlich zu einer rascheren Erholung der Muskulatur. Gerade wenn Sie nach dem Walking einmal das Gefühl haben, Ihre Muskeln ein wenig überfordert zu haben, weil Sie vielleicht etwas zu lange oder zu schnell gegangen sind, dann können Sie durch

Stretching den Muskeltonus schnell wieder harmonisieren und sich tiefgehend entspannen.

Hierbei mag es auch sinnvoll sein, eine entspannende Musik auszuwählen und sich ein bißchen mehr Zeit für langsame Stretching-Übungen zu gönnen.

Bevor wir nun die Übungen beschreiben, wollen wir die wichtigsten Tips für das Aufwärmprogramm und das Stretching kurz zusammenfassen:

1. Stretching soll Spaß machen und keinen Streß bereiten. Üben Sie daher entspannt und übertreiben Sie nicht.

2. Sobald Schmerzen auftauchen, ist dies ein Zeichen, daß Sie entweder Ihre Dehngrenze überschreiten oder daß ein Muskel verletzt ist. Sie sollten dann etwas vorsichtiger mit Ihrem Körper umgehen. Wenn die Schmerzen dennoch nicht aufhören, sollten Sie einen Arzt aufsuchen.

3. Je regelmäßiger Sie Stretching-Übungen ausführen, desto besser. Nur durch regelmäßiges Üben wird die Flexibilität der Muskulatur optimal entwickelt.

4. Auch wenn Sie im allgemeinen auf das Aufwärmen verzichten möchten, so sollten Sie zumindest an kalten Tagen immer ein paar Aufwärmübungen durchführen.

5. Wenn Sie älter als 50 Jahre sind, sollten Sie auf Lockerungs- und Stretchingübungen nicht verzichten. Schließlich können gerade die Dehnübungen Ihre Flexibilität und damit auch Ihre Jugendlichkeit bis ins hohe Alter erhalten.

6. Machen Sie zwischen Aufwärmprogramm und Walking möglichst keine zu lange Pause. Die meisten der aufgeführten Übungen können Sie auch im Freien und unmittelbar vor dem Walking durchführen.

7. Wenn Sie sich beim Walking einmal übernommen haben, so helfen Ihnen einige kurze Stretching-Techniken nach dem Walking, um sich wieder zu entspannen.

8. Dehnen Sie immer langsam und vorsichtig und halten Sie die Dehnung nicht länger als 20 bis höchstens 30 Sekunden. Federn Sie nicht in der Dehnung!
9. Führen Sie jede Stretching-Technik insgesamt immer zwei- bis dreimal aus.
10. Bleiben Sie entspannt und lassen Sie Ihren Atem bei jeder Übung frei fließen.

Die Aufwärmübungen

Fußkreisen

Stellen Sie sich aufrecht hin und heben Sie zunächst das linke Bein gestreckt nach vorn vom Boden ab. Wenn es Ihnen schwerfällt, auf einem Bein die Balance zu halten, können Sie sich natürlich auch an einem beliebigen Gegenstand oder Partner festhalten. Kreisen Sie nun mit Ihrem linken Fuß achtmal im Uhrzeigersinn und achtmal andersherum. Setzen Sie den Fuß dann wieder ab, entspannen Sie sich kurz und führen Sie das Fußkreisen anschließend auch mit dem rechten Fuß aus.

Achten Sie darauf, daß Sie die Füße nicht zu schnell kreisen, und nützen Sie die volle Bewegungsmöglichkeit der Fußgelenke aus.

Kniekreisen

Stellen Sie sich aufrecht und entspannt hin und achten Sie darauf, daß die Füße und Beine geschlossen sind und daß die Zehen nach vorn zeigen. Gehen Sie nun ganz leicht in die Knie und legen Sie Ihre Handflächen auf Ihre Kniescheiben. Beginnen Sie dann damit, vorsichtig kleine Kreise mit den Knien zu beschreiben, erst im Uhrzeigersinn, dann umgekehrt. Wiederholen Sie diese Kreisbewegungen wiederum jeweils achtmal.

Übertreiben Sie die Kreisbewegungen aber nicht; es genügt vollkommen, sehr kleine Kreise auszuführen. Wenn Sie unter starkem

Übergewicht leiden, sollten Sie besonders vorsichtig sein und die Übung gegebenenfalls sogar weglassen.

Hüftkreisen

Stellen Sie sich aufrecht hin und achten Sie darauf, daß die Beine leicht gegrätscht sind. Die Füße sollten dabei etwa schulterbreit auseinander stehen, und die Zehen sollten nach vorn zeigen. Stützen Sie die Hände nun seitlich in den Hüften ab und beginnen Sie mit langsamen Kreisbewegungen. Die Kreise sollten dabei von der Hüfte ausgehen. Beschreiben Sie zunächst acht große Kreise im Uhrzeigersinn, dann acht in die entgegengesetzte Richtung.

Bleiben Sie beim Hüftkreisen entspannt und passen Sie auf, daß Sie beim Vorwärtskreisen nicht zu stark ins Hohlkreuz geraten.

Nackenübungen

Übung 1:
Damit Sie den so oft verspannten Schulter- und Nackenbereich lockern können, zeigen wir Ihnen nun zwei einfache Nackenübungen. Sie können diese Übungen im Stehen oder Sitzen ausführen, und es empfiehlt sich, diese Übungen auch zwischendurch einmal in den Alltag einzuschieben, um aufkommende Verspannungen möglichst gleich wieder abzubauen.

Bringen Sie den Kopf im Sitzen oder Stehen aus der Mittelstellung nach hinten, indem Sie immer weiter nach oben schauen und ihn schließlich in den Nacken legen. Achten Sie jedoch darauf, daß sich dabei nur die Halswirbelsäule bewegt. Der restliche Oberkörper sollte aufrecht bleiben. Blicken Sie soweit wie möglich nach oben und verweilen Sie kurz in dieser Dehnung. Der Mund bleibt dabei geschlossen.

Bringen Sie den Kopf sodann in einer sehr langsamen Bewegung über die Mittelstellung nach vorne, bis das Kinn nach Möglichkeit die Brust berührt. Achten Sie wiederum darauf, die Bewegung nur aus der Halswirbelsäule heraus auszuführen. Verbleiben Sie auch in dieser Dehnhaltung einige Sekunden. Wiederholen Sie die Übung dann insgesamt dreimal, so daß Sie den Kopf abwechselnd dreimal in den Nacken legen und dreimal zur Brust führen.

Lassen Sie während der gesamten Übung den Atem frei fließen, ohne ihn anzuhalten.

Übung 2:
Sie können auch die nächste Übung im Sitzen oder im Stehen ausführen. Drehen Sie den Kopf aus der Mittelstellung zunächst langsam nach links, indem Sie über die linke Schulter schauen und möglichst weit nach hinten blicken. Achten Sie jedoch darauf, die Schultern fixiert zu lassen und nicht mitzubewegen. Halten Sie die Stellung, sobald Sie Ihre Dehngrenze erreicht haben, einige Sekunden, und drehen Sie den Kopf dann wieder langsam in die Mitte zurück.

Drehen Sie den Kopf über die Mittelstellung hinaus nun nach rechts weiter, bis Sie über Ihre rechte Schulter nach hinten blicken. Halten Sie auch auf dieser Seite die Dehnung einige Sekunden und wiederholen Sie die Übung insgesamt dreimal in beide Richtungen.

Versuchen Sie, so einfühlsam und vorsichtig mit Ihrem Körper umzugehen, daß Sie in keinem Fall Ihre persönliche Dehngrenze überschreiten. Je verspannter Ihr Nackenbereich ist, desto vorsichtiger sollten Sie üben. Vermeiden Sie grundsätzlich schnelle oder ruckartige Bewegungen!

Schulterkreisen

Stellen Sie sich aufrecht hin und lassen Sie die Arme einfach seitlich am Körper hängen. Mit der nächsten Einatmung kreisen Sie nun die Schultern nach vorne und dann nach oben. Mit der Ausatmung kreisen Sie die Schultern weiter nach hinten und wieder nach unten. Versuchen Sie dabei möglichst große Kreise zu beschreiben und lassen Sie die Arme weiterhin passiv hängen. Wiederholen Sie diese Kreisbewegungen der Schultern dreimal, bevor Sie dann auch in die andere Richtung kreisen, also über hinten nach oben und wieder nach vorne und unten.

Verbinden Sie die Kreisbewegung immer mit Ihrem Atem und übertreiben Sie nicht.

Wippen

Die folgende Übung dient dazu, die gesamte Muskulatur zu lockern und durchzuschütteln.

Stehen Sie aufrecht und entspannt und achten Sie darauf, daß die Füße mit den Fußspitzen nach vorn etwa schulterbreit auseinander stehen. Beginnen Sie nun damit, den Körper durchzuschütteln, indem Sie von den Füßen ausgehend eine lockere, schnelle Wippbewegung entstehen lassen. Heben Sie sich dazu immer abwechselnd ein wenig auf die Zehen und lassen Sie Ihren Körper dann wieder auf die Fersen federn.

Bleiben Sie in den Knien weich und elastisch, damit sich die von den Fußgelenken ausgehende Bewegung auf den ganzen Körper ausweiten kann. Machen Sie aber nur kleine Wippbewegungen und achten Sie insbesondere darauf, in den Armen und Schultern locker zu bleiben. Wippen Sie auf diese Weise etwa 30 Sekunden lang, verlangsamen Sie dann die Wippbewegungen und kommen Sie schließlich wieder zum Stehen.

Stretching

Während die vorangegangenen Übungen dazu dienten, Ihren ganzen Körper zu lockern und Verspannungen abzubauen, folgen nun einige klassische Stretching-Übungen, die die wichtigsten Muskelgruppen dehnen und aufwärmen. Führen Sie jede der folgenden Übungen immer zwei- bis dreimal aus, aber bleiben Sie nicht länger als höchstens 30 Sekunden in den Stretching-Stellungen.

Stretchübung 1:

Legen Sie sich entspannt auf den Rücken und atmen Sie einige Male tief durch. Heben Sie nun zunächst das rechte Bein, so daß das Knie in Richtung Brust gezogen wird. Verschränken Sie Ihre Hände um das Knie und ziehen Sie das angewinkelte Bein dann vorsichtig und sanft an die Brust heran.

Dcr Kopf sollte während der ganzen Übung auf dem Boden liegenbleiben. Lassen Sie den Atem frei strömen und ziehen Sie das Knie keinesfalls so weit an die Brust heran, daß dabei Schmerzen entstehen. Beenden Sie diese Dehnung nach etwa 20 Sekunden, indem Sie den Zug mit den Armen lösen und das rechte Bein kurz entspannen. Wiederholen Sie die Dehnung dann noch ein- oder zweimal. Setzen Sie das Bein wieder ab und lassen Sie es einfach nach vorne gleiten. Führen Sie die Übung dann auch mit dem linken Bein durch.

Stretchübung 2:

Setzen Sie sich mit nach vorne ausgestreckten Beinen und aufgerichteter Wirbelsäule auf den Boden. Lassen Sie das linke Bein nun gestreckt, während Sie das rechte Bein anwinkeln und die rechte Fußsohle an die Innenseite des linken Oberschenkels legen. Versuchen Sie dabei, das rechte Knie einigermaßen nah an den Boden zu pressen, aber übertreiben Sie es nicht. Als nächstes beugen Sie nun einfach den Oberkörper über das ausgestreckte Bein nach vorne, indem Sie mit den Händen an den Unterschenkel fassen. Um den Ischiasnerv zu schonen, empfiehlt es sich, das Knie des ausgestreckten Beines nicht ganz durchzudrücken, sondern leicht angewinkelt zu lassen.

Lassen Sie bei der Dehnung einfach das Gewicht des Oberkörpers und des Kopfes wirken, und „ziehen" Sie sich nicht in die Stellung. Wechseln Sie nach dreimaliger Dehnung die Beinstellung und üben Sie dann auch auf der anderen Seite.

Stretchübung 3:

Legen Sie sich entspannt auf den Rücken und atmen Sie einige Male tief durch. Strecken Sie nun den rechten Arm waagrecht zur Seite, wobei die Handfläche auf dem Boden aufliegt. Winkeln Sie das rechte Bein an und setzen Sie den rechten Fuß auf das linke Knie. Als nächstes umgreifen Sie das rechte Knie mit der linken Hand. Bringen Sie nun das rechte Knie auf der linken Körperseite in Richtung Boden, indem Sie es mit der linken Hand leicht und vorsichtig nach unten ziehen. Wenn Ihnen die Beschreibung der Übung auch etwas kompliziert erscheint, so ist die Ausführung doch recht einfach.

Wenn Sie es anfangs nicht schaffen, das rechte Knie bis zum Boden zu drücken, so zwingen Sie sich auch nicht dazu, da Sie sich sonst verletzen könnten. Atmen Sie in der Dehnung entspannt weiter. Kommen Sie nach etwa 20 Sekunden in die Mittelstellung zurück und wiederholen Sie die Dehnung noch ein- bis zweimal. Wechseln Sie dann die Bein- und Armstellung, um die Übung auch auf der anderen Seite auszuführen.

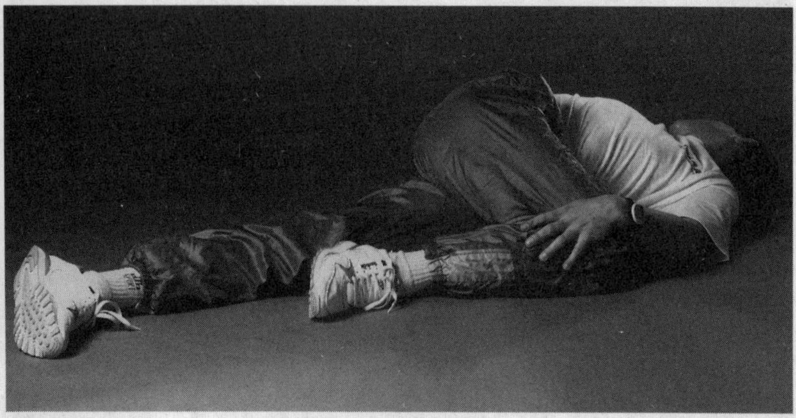

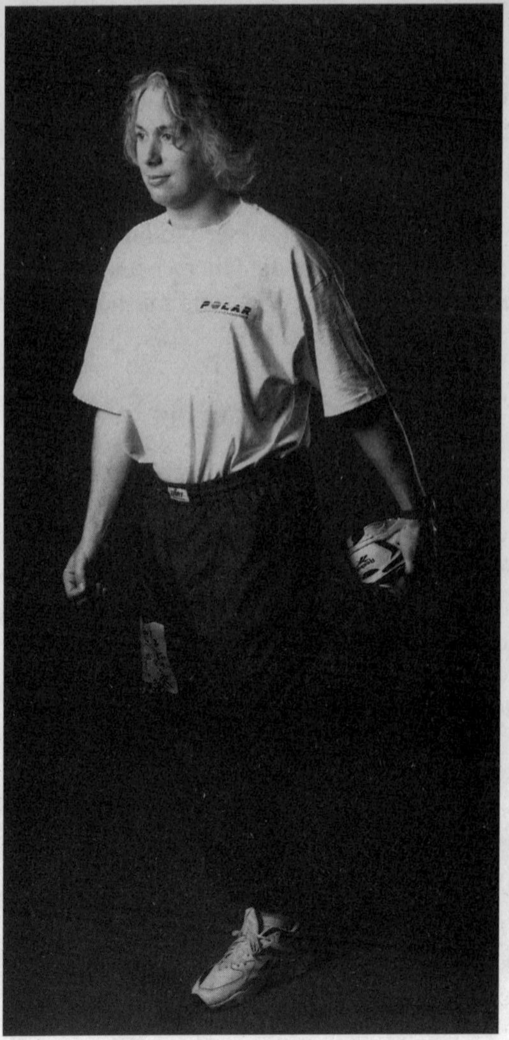

Abb. zur Stretchübung 4 auf Seite 110

Stretchübung 4:

Stellen Sie sich aufrecht mit geschlossenen Beinen hin. Heben Sie sodann das linke Bein nach hinten, und umgreifen Sie das linke Fußgelenk mit der linken Hand. Die andere Hand bleibt passiv hängen, Sie können sich aber auch an einem Tisch oder Stuhl festhalten. Ziehen Sie nun den linken Fuß an das Gesäß heran.

Achten Sie bitte darauf, bei dieser Übung nicht ins Hohlkreuz zu geraten und versuchen Sie, die Oberschenkel nebeneinander zu lassen. Wiederholen Sie diese Dehnung mit beiden Beinen jeweils dreimal (siehe Abb. auf Seite 109).

Stretchübung 5:

In stehender Position heben Sie den rechten Arm senkrecht nach oben, bis der Oberarm am Ohr anliegt. Winkeln Sie nun den Unterarm ab und lassen Sie ihn einfach hinter den Kopf hängen. Umgreifen Sie dann mit der linken Hand den rechten Ellbogen. Ziehen Sie mit der linken Hand nun vorsichtig und langsam den Ellbogen noch näher an den Kopf heran.

Wiederholen Sie diese Dehnung dreimal und üben Sie dann auch mit der anderen Seite. Schütteln Sie die Arme anschließend kurz aus.

Sie haben nun einige leichte und doch sehr effektive Aufwärm- und Stretching-Übungen kennengelernt. Denken Sie daran, daß diese Übungen Sie nicht nur auf Ihr Walking-Programm vorbereiten, sondern daß Sie Ihre Flexibilität damit erheblich verbessern können. Denn zu optimaler Fitneß gehört neben einem guten Ausdauertraining und der Entwicklung der Muskulatur nicht zuletzt auch gute Beweglichkcit. Wenn Sie die oben aufgeführten Übungen regelmäßig ausführen, so genügt dies vollkommen, um Ihre Flexibilität zu entwickeln und auch bis ins hohe Alter zu bewahren.

Kapitel 7: Walking – ein Weg zu Gesundheit und Wohlbefinden

Walking gegen Zivilisationskrankheiten

Jedes Training, das wie Walking dazu führt, daß sich der Fitneßzustand und das allgemeine Leistungsvermögen des Menschen erhöhen, ist auch für die Gesundheit und für das Wohlbefinden von großer Bedeutung. Besonders Ausdauersportarten wie Walking können in erheblichem Maße dazu beitragen, die Gesundheit zu fördern oder wiederherzustellen. Insofern ist Walking durchaus auch als eine Heilmethode anzusehen, die dem allzu zivilisierten Menschen das verlorene Gleichgewicht zurückgeben kann. Oft sind die einfachsten Mittel dabei die wirkungsvollsten.

Ohne uns auf tiefgreifende physiologische und sportmedizinische Exkursionen einlassen zu wollen, möchten wir doch kurz andeuten, inwiefern Walking dazu beitragen kann, unser Wohlbefinden zu steigern und unsere Gesundheit zu verbessern. Dazu möchten wir aufzeigen, wie man durch regelmäßiges Walking Zivilisationserkrankungen vorbeugen und wie sich dadurch auch unser psychischer Zustand verbessern kann.

Die Zivilisationserkrankungen scheinen zur neuen Geißel der Menschheit geworden zu sein. Während zahlreiche bedrohliche Epidemien wie etwa die Pest inzwischen längst besiegt werden konnten, scheint es nun so, als ob die Zivilisation selbst zur Ursache für zahlreiche Krankheiten geworden ist, die sich in erschreckendem Maße ausbreiten und die uns heutzutage letztlich alle bedrohen.

Der Begriff „Zivilisationskrankheiten" steht als Sammelbegriff für eine Reihe von Erkrankungen, die durch zivilisationsbedingte Einflüsse hervorgerufen oder doch zumindest gefördert werden. Zu diesen Einflüssen sind Bewegungsmangel, einseitige Ernährung, Streß im Berufsleben, Nikotin, Alkohol sowie Umweltgifte zu zählen.

Zu den typischen Zivilisationskrankheiten gehören Arteriosklerose und andere Herz-Kreislauf-Erkrankungen, Diabetes, Übergewicht, Bluthochdruck, Gicht, Verdauungsstörungen sowie verschiedene Krebsarten und Allergien.

Arteriosklerose und Herzerkrankungen

Arteriosklerose und Herzinfarkt sind die typischen Zivilisationskrankheiten, die durch Bewegungsmangel, Streß und schlechte Ernährung begünstigt werden. In Deutschland gehören arteriosklerotische Krankheiten zu den häufigsten Todesursachen. Bei der Arteriosklerose kommt es zu Fett- und Kalkablagerungen an der Innenseite der Blutgefäße, weshalb diese Krankheit im Volksmund auch als Arterienverkalkung bezeichnet wird.

Durch Ablagerungen und Verhärtung der Gefäßwände geht die Elastizität derselben verloren, so daß das Gewebe nur noch unzureichend durchblutet wird. Dies kann im Extremfall dazu führen, daß das unterversorgte Gewebe abstirbt. Die häufigsten Folgen der Arteriosklerose sind Herzinfarkt, Schlaganfall und Raucherbein.

Als Vorbeugung gegen Arteriosklerose und Herzinfarkt ist Walking in Kombination mit einer fettarmen, vollwertigen Ernährung sehr zu empfehlen. Aber auch nach einem Gefäßverschluß ist es oft noch nicht zu spät, und man kann sich selbst helfen, wenn man seine Lebensweise umstellt und positiv verändert.

Es ist noch gar nicht lange her, als dem herzkranken Patienten von sportlicher Betätigung abgeraten wurde. Diese Ansicht hat sich aber inzwischen als Irrtum erwiesen. Ebenso wie der gesunde Mensch kann nämlich auch der Herzkranke durch Ausdauersportarten wie Walking die Leistungsfähigkeit von Herz und Kreislauf erheblich steigern.

Das trainierte Herz hat einen niedrigeren Ruhepuls als das untrainierte. Es ist wesentlich leistungsfähiger, verschleißt langsamer, und dies führt zu längerer Lebensdauer. Außerdem treten Herzschmerzen (Angina pectoris) nicht mehr so leicht auf. Es versteht sich von selbst, daß Koronarpatienten sich stets mit ihrem Arzt absprechen sollten, bevor sie mit dem Training beginnen.

Da man inzwischen auch weiß, daß sportlich aktive Menschen eine wesentlich größere Chance haben, einen Herzinfarkt zu überleben, kann man regelmäßiges Walking-Training all jenen dringend empfehlen, die zu den Risikogruppen gehören, wie etwa Raucher, Übergewichtige oder streßgeplagte Menschen.

Diabetes

Auch der Diabetes gehört zu den Zivilisationserkrankungen. Er wird auch als Zuckerkrankheit bezeichnet. Bei Diabetes wird vom Organismus zu wenig Insulin gebildet, welches zur Absenkung des Blutzuckerspiegels benötigt wird. Durch regelmäßiges Walking steigt der Insulinspiegel an, was sich günstig auf diese Erkrankung auswirkt.

Sämtliche Diabetiker, auch die sogenannten Typ-I-Diabetiker, die sich Insulin spritzen müssen, können von körperlichem Training profitieren. Walking senkt sowohl den Blutzucker- als auch den Cholesterinspiegel, wodurch eine Schädigung der Blutgefäße vermieden werden kann. Natürlich ist bei Diabetes ebenso wie bei erhöhten Cholesterinwerten insbesondere auf die geeignete Diät zu achten. Wer als Diabetiker Sport treiben möchte, sollte sich natürlich zuvor immer mit seinem Arzt absprechen.

Übergewicht

Während Übergewicht in den meisten Fällen nicht als Krankheit bezeichnet werden kann, ist es doch als Ursache für eine große Anzahl verschiedener Erkrankungen anzusehen. Wer unter Übergewicht leidet, sollte unbedingt langsam und vorsichtig mit dem Walking-Training beginnen. Herz und Kreislauf des Übergewichtigen sind meist nicht besonders belastbar, und auch die Gelenke, die ja durch die überflüssigen Pfunde unter Dauerbelastung stehen, müssen sich erst langsam an das Training gewöhnen.

Auch wenn man nun das Schönheitsideal der heutigen Zeit, das teilweise übertriebenen Schlankheitswahn zur Folge hat, durchaus in Frage stellen mag – eines ist doch Tatsache: Jedes überflüssige

Kilo, das wir in Form von Fettpolstern mit uns herumtragen, erhöht unser Erkrankungsrisiko. So sind nicht nur die Gelenke und Bänder durch ein zu hohes Körpergewicht in Mitleidenschaft gezogen, auch das Herz des „Dicken" hat wesentlich mehr zu leisten. Der dicke Mensch klagt aber auch häufiger über Rückenschmerzen als sein schlanker Zeitgenosse.

Durch Walking läßt sich Übergewicht allmählich abbauen, ohne daß dadurch eine Gefahr für den Übergewichtigen entstehen würde. Natürlich läßt sich eine Gewichtsabnahme noch leichter erreichen, wenn man mit Beginn des Walking-Trainings auch seine Ernährungsweise umstellt. Übertreiben sollte es der Übergewichtige damit jedoch nicht, denn allzu radikale Kuren sind auf Dauer weder effektiv noch besonders angenehm.

Gelenkerkrankungen

Die Anzahl der Gelenkerkrankungen nimmt bei uns weiterhin zu. Viele Gelenkerkrankungen sind durch den Wohlstand bedingt, während andere eher durch erbliche Veranlagung entstehen. Zu den häufigsten Gelenkerkrankungen zählt die Arthrose, eine degenerative Gelenkerkrankung, die gemeinhin als Gelenkabnutzung oder Gelenkverschleiß bezeichnet wird.

Beim Gelenkverschleiß werden die Gelenkflächen rauher, die Knorpel dünner. Dadurch kommt es mitunter zu starken Schmerzen, geschwollenen Gelenken sowie zu Einschränkungen in der Bewegungsfreiheit.

Als Ursache für Arthrose sind insbesondere Übergewicht, Fehlbelastungen, Bewegungsmangel oder Veranlagung aufzuführen. Während wir den letzten Punkt nicht beeinflussen können, ist dies bei den ersten drei Punkten durchaus der Fall.

An dieser Stelle möchten wir nochmals auf die Gefahren, die mit extremen Sportarten und Leistungssport verbunden sind, aufmerksam machen. Bedenken Sie bitte immer, daß es bei manchen Sportarten wie etwa beim Gewichtheben zu starken Belastungen der Gelenke kommen kann. Sobald aber die Belastung im Vergleich zur Belastbarkeit überhandnimmt, ist leider auch mit einer Schädigung der Gelenke zu rechnen.

Diese Gefahr besteht durchaus auch bei populären Sportarten wie Bodybuilding oder Skifahren, vor allem dann, wenn die Technik nicht richtig beherrscht wird oder wenn bereits Schädigungen der Gelenke vorliegen.

Im Gegensatz dazu kann man beim Walking absolut unbesorgt sein. Ebenso wie beim Skilanglauf müssen auch beim Walking keinerlei Stöße abgefangen werden, wie dies etwa beim Jogging der Fall ist. Außerdem wird durch den sanften Reiz die Gelenk- und Knorpelernährung gefördert, so daß man Walking bei Gelenkerkrankungen durchaus empfehlen kann. Sinnvoll wäre es hierbei auch, Walking mit Schwimmen und Krankengymnastik zu kombinieren.

Durch Walking kann Bewegungsmangel vermieden und Übergewicht abgebaut werden. Dies ist auch für alle rheumatischen Erkrankungen bedeutsam. Abgesehen von der medikamentösen Behandlung sind bei Rheuma auch die Umstellung der Ernährung auf Vollwertkost und Bewegungstraining empfehlenswert.

Regelmäßige Bewegung mit leichter Belastung wie etwa beim Walking, richtige Ernährung und das Vermeiden von Körperfehlhaltungen können in erheblichem Maße dazu beitragen, Ihren Bewegungsapparat in Schwung zu halten.

Walking und die Psyche

Wenn wir von den heilenden Wirkungen des Walking schreiben, so dürfen wir dabei natürlich die seelische Seite, die sehr eng mit unserem körperlichen Befinden zusammenhängt, nicht vernachlässigen. Sicher kennen Sie das altbekannte Sprichwort, das besagt, daß ein gesunder Geist nur in einem gesunden Körper vorzufinden ist. Jedoch ist ein gesunder Körper darüber hinaus auch die Grundvoraussetzung für eine gesunde Seele. Wenn wir uns körperlich wohlfühlen, werden wir auch viel eher seelisch ausgeglichen sein. Und je stärker unsere körperliche Energie absinkt, desto eher werden wir für psychische Störungen wie etwa Depressionen oder Ängste anfällig.

Psychische Störungen müssen dabei aber nicht immer unbedingt dramatisch sein. Oft fühlen wir „lediglich“ einen Mangel an Lebensfreude oder eine leichte Gereiztheit. Oder vielleicht leiden wir auch an chronischer Müdigkeit.

Wenn wir jedoch ständig müde sind und an Energiemangel leiden, so wird dies natürlich zu zahlreichen negativen Gefühlen führen. Als Spätfolge haben wir es dann irgendwann mit Depressionen und Lebensängsten zu tun. Daß dabei unsere Lebensfreude allmählich verlorengeht, liegt auf der Hand.

Trägheit und Antriebslosigkeit sind weit verbreitet. Dieser Mangel an Lebensenergie führt häufig dazu, daß sich auch der Mangel an Bewegung weiter ausdehnt. Daß es durch Bewegungsmangel zu zahlreichen körperlichen Fehlfunktionen kommt, wissen wir bereits. Diese körperlichen Fehlfunktionen führen natürlich wiederum dazu, daß wir uns noch weniger gerne bewegen, daß wir noch müder, lustloser und schließlich depressiver werden.

Wie soll man nun diesen Teufelskreis durchbrechen? Eine Möglichkeit besteht ganz einfach darin, mit Walking zu beginnen. Walking bietet uns nämlich die Chance, die eigene Trägheit und Lethargie zu überwinden, ohne daß dafür ein enormer Willensakt notwendig wäre, wie dies bei vielen anderen Aktivitäten der Fall ist. Gerade der psychisch Labile verfügt oft nicht mehr über große Willenskraft. So erliegt er dann immer wieder seiner Unfähigkeit, sich aufzuraffen, und verliert dabei zunehmend die notwendige Disziplin zur Selbstüberwindung.

Den meisten wird es aber wohl keine großen Schwierigkeiten bereiten, für eine halbe Stunde hinauszugehen und zu walken. Beim Walking ist die Schwelle der Selbstüberwindung wesentlich niedriger als etwa beim Jogging oder bei einem anstrengenden Training im Fitneß-Studio. Trotz viel geringeren Aufwands sind die erzielten Auswirkungen, gerade auch für den psychischen Bereich, ebenso positiv, wenn nicht sogar noch positiver, als bei anstrengenderen Fitneßmethoden.

Je anstrengender nämlich eine Sportart ist, desto größer ist auch die Schwierigkeit, dabei seinen „inneren Schweinehund“ zu überwinden. Die Gefahr, wegen eines Mißerfolges den Sport gleich wieder zu unterlassen, ist dabei recht groß. Es bedarf meistens nur weniger kleiner Störungen, um einen dazu zu veranlassen, ein hartes Training abzubrechen. Vielleicht hat man ein bißchen Kopfweh, ist leicht erkältet oder fühlt sich aus irgendwelchen Gründen nicht ganz fit, und schon fehlt einem die nötige Energie, um sein Trainingsprogramm durchzuziehen.

Oft kommt dann noch dazu, daß man frustriert ist, weil man nicht geschafft hat, was man sich vorgenommen hatte. Dies führt wiederum zu Streß, da man mit sich selbst unzufrieden ist. Aus diesem Grunde betonen wir selbst bei einer sanften Methode wie dem Walking, daß es ungeheuer wichtig ist, langsam anzufangen und vor allem anfangs nicht zu übertreiben.

Wenn wir also Walking betreiben, so sollten wir Spaß dabei haben und uns nicht zusätzlich stressen. Streß führt bekanntlich zu gesundheitlichen Problemen aller Art, und ein gestreßter Mensch ist immer auch ein unausgeglichener und nervöser Mensch.

Das beste Mittel gegen Streß und innere Anspannungen ist die Entspannung. Gerade Walking ist nun eine besonders entspannende Sportart, was nicht heißen soll, daß sie einen ungenügend fordern würde. Natürlich wird beim Walking-Training der Kreislauf angeregt, die Durchblutung der Muskulatur gefördert und die Atmung vertieft. Dennoch kann man Walking durchaus ohne zusammengebissene Zähne betreiben, kann die Natur genießen und muß sich nicht unbedingt an Leistung orientieren.

Nach jeder sportlichen Betätigung kommt es als Reaktion auf die gesetzten Reize automatisch zu einer tieferen Entspannung des gesamten Körpers. Beispielsweise auch im autogenen Training oder beim Yoga wird über die Arbeit am Körper die Psyche harmonisiert. Genauso setzt Walking im körperlichen Bereich an, wirkt sich aber auch stark auf das seelische Befinden aus. So wird durch die Bewegung Streß abgebaut und dadurch der Schlaf harmonisiert.

Daß Walking oft zu einer Lösung seelischer Probleme führen kann, läßt sich auch noch auf andere Weise erklären. Wenn man Walking richtig betreibt, kann man diese Methode nützen, um seine Selbstbeobachtung zu schulen. Gerade wegen der Einfachheit der Bewegung kann man seine Aufmerksamkeit auf andere Bereiche richten.

So wird man bei regelmäßigem Walking zunächt die Körperwahrnehmung entwickeln, was dazu führt, daß Störungen im Körper schneller wahrgenommen und auch schneller ausgeglichen werden können. Später kann man die Selbstbeobachtung ausdehnen, indem man damit beginnt, die eigenen Gedanken zu betrachten. Eingefahrene Denkmechanismen, die oft zu negativen Gefühlen führen, lösen sich oft bereits durch die Erkenntnis derselben auf. Genaueres können Sie dazu im Kapitel „Walking und Meditation" erfahren, das wir Ihnen besonders dann empfehlen möchten, wenn Sie an seelischer Unausgeglichenheit leiden.

Daß die Anregung der Körperenergie zu einer Beruhigung der Seele führt, konnte inzwischen wissenschaftlich belegt werden. So haben Studien aus den USA gezeigt, daß regelmäßiges Ausdauertraining nicht nur akute Spannungen löst, sondern auch bei chronischen Depressionen wirksam ist. Eine Erklärung dafür liegt darin, daß bei sportlicher Aktivität im Gehirn Endorphine gebildet werden, die eine ähnliche Wirkung wie Opiate besitzen. Sie sind schmerzstillend, aber auch euphorisierend und beruhigend. Im Vergleich zu den Opiaten haben die Endorphine jedoch den Vorteil, daß sie als vom Körper hergestellte „Psychopharmaka" frei von schädlichen Nebenwirkungen sind. Endorphine werden nach dem jetzigen Stand der Wissenschaft jedoch nur bei extremer körperlicher Belastung ausgeschüttet.

Inwiefern sanftere Trainingsmethoden die Chemie des Gehirns beeinflussen, ist sicher noch unzureichend erforscht. Wenn man nämlich bedenkt, welch starke Auswirkungen äußerst sanfte Methoden aus dem Osten, wie etwa die chinesische Atemgymnastik Qi Gong, auf die menschliche Seele haben, kann man davon ausgehen, daß wir bisher immer noch recht wenige Erkenntnisse über den Zusammenhang zwischen Körper, Seele und Geist besitzen. Sicher ist, daß dieser Zusammenhang besteht. Viel wichtiger als alle Theorien ist jedoch letztlich immer die Praxis. Beginnen Sie mit dem Walking-Training, und Sie werden selbst sehen, wie positiv sich dies auf Ihre gesamte Verfassung und Ihr Leben auswirkt.

Walking und Ernährung

Wer mit dem Walking-Training begonnen hat, hat den ersten wichtigen Schritt zu einer neuen, bewußteren Lebensweise getan. Regelmäßiges Training hilft Ihnen dabei, fit, gesund und schlank zu werden, wodurch sich ein vollkommen neues Lebensgefühl einstellen wird. Wenn wir aber noch etwas mehr für unsere Gesundheit und unser Aussehen tun möchten, so sollten wir auch unbedingt daran denken, daß wir nur dann optimale Erfolge erzielen werden, wenn wir für eine optimale Ernährung sorgen. Nur indem wir uns mit allen lebensnotwendigen Stoffen versorgen, können wir Körper, Seele und Geist die dringend benötigten Energien zur Verfügung stellen.

Es gibt inzwischen so zahlreiche gute Ernährungs- und Diätbücher, daß es Ihnen nicht schwerfallen dürfte, sich die Informationen, die Sie besonders interessieren, zu besorgen. Wir wollen daher, um den Rahmen dieses Buches nicht zu sprengen, lediglich einige wichtige Dinge zum Thema Ernährung ansprechen.

Abnehmen mit Walking

Viele Menschen betreiben Sport, weil sie damit unter anderem überflüssige Pfunde abbauen wollen. Zu diesem Zweck ist Walking ein ideales Mittel. Jedoch muß man dazu sagen, daß das beste Walking-Training einen kaum schlanker machen wird, wenn die Ernährungsgewohnheiten dies nicht zulassen. Leider ist es auch gerade in Deutschland allgemein üblich, erheblich zu viel und zu fett zu essen. Schweinebraten, Bier, Eis und Schokolade, Pommes frites und Fast Food tragen leider nicht gerade dazu bei, daß man durch ihren Genuß gesund und schlank wird.

Um schlank zu werden und sein Idealgewicht zu erreichen, muß man daher nicht nur Walking betreiben, sondern sich auch beim Essen einschränken. Obwohl man das Idealgewicht nach der alten Formel: Körpergröße minus 100 minus 10% errechnen kann, sollte man doch auch auf sein Wohlbefinden achten und ab und zu einen kritischen Blick in den Spiegel werfen. Wenn Sie sich wohl fühlen und mit Ihrem Aussehen zufrieden sind, ist dies wichtiger, als wenn Ihr Gewicht einer Einheitsformel entspricht.

Wer nun glaubt, er könne durch eine schnelle Diät zu seinem Wunschgewicht finden, der täuscht sich. Zwar gibt es unzählige Diäten, jedoch haben sie alle eine Gemeinsamkeit: Sie bringen das Gewicht kurzfristig nach unten, sobald Sie aber anschließend wieder zu Ihrer normalen Ernährungsweise zurückkehren, wird auch Ihr Gewicht wieder auf die alten Werte steigen. Inzwischen vermuten viele Mediziner, daß Diäten letztlich mehr schaden als nützen, da der ständige Ab- und Aufbau von Körperfett Streß für den Organismus bedeutet.

Was soll man also tun? Soll man immer wieder neue Diäten ausprobieren? Soll man Kalorien zählen? Oder muß man sich doch mit seiner „Veranlagung" abfinden und damit, daß man eben zum Dicksein verurteilt ist?

Die Antwort ist einfach: Vergessen Sie nicht, daß Essen zunächst einmal Spaß machen sollte. Sie sollten sich nicht mit einer Ernährung quälen, die Ihnen nicht schmeckt, nur weil sie vielleicht kalorienarm ist. Die schmackhafte Zubereitung der Speisen ist wichtig, denn mit einer Ernährung, die den Geschmackssinn nicht befriedigt, ist nichts gewonnen.

Außerdem sollten Sie sich nicht einseitig ernähren. Wenn Sie täglich einen Teller mit rohen Karotten essen, wird Ihnen nicht nur bald der Appetit vergehen, sondern Ihr Körper wird dann auch nicht mit den nötigen Nährstoffen versorgt. Dasselbe gilt natürlich für den Fall, daß Sie sich hauptsächlich von fettem Fleisch ernähren. Jede einseitige Richtung ist unbedingt abzulehnen. Schließlich brauchen wir die unterschiedlichsten Nahrungsmittel und Geschmacksrichtungen, um unseren Bedarf und unsere Lust zu befriedigen.

Wer es darauf abgesehen hat, sein Körpergewicht zu reduzieren, der muß natürlich zunächst einmal die Nahrungsmenge einschränken. Auch die optimale Ernährung macht immer noch dick, wenn die aufgenommenen Mengen den Bedarf überschreiten. Der Bedarf an Energie und somit an Kalorien ist aber heutzutage nicht mehr annähernd so hoch wie in Zeiten, da die Menschen ihre Arbeit „im Schweiße ihres Angesichts" verrichteten.

Viel zu essen ist daher lediglich eine Gewohnheit und keine Notwendigkeit. Um sich an kleinere Essensrationen zu gewöhnen, empfiehlt es sich allerdings, langsam und stufenweise abzubauen. Darüber hinaus kann man durch gründlicheres Kauen viel schneller zur Sättigung kommen, als wenn man die Nahrung nur hinunterschlingt.

Wenn Sie übergewichtig sind, sollten Sie aber nicht nur die Nahrungsmenge herabsetzen, sondern auch besonders darauf achten, *was* Sie essen. Meiden Sie unbedingt fette Speisen wie fettes Fleisch, fette Käsesorten, Sahne, aber auch kalorienreiche Genußmittel wie Zucker, Schokolade und Alkohol.

Wenn Sie diese wenigen Punkte beachten und zudem Ihr Walking-Training machen, so brauchen Sie sich nie wieder mit irgendwelchen Diäten herumzuschlagen. Auf diese Weise werden Sie ohne Radikalkuren zu Ihrem Idealgewicht finden und werden außerdem viel für die Erhaltung beziehungsweise Wiederherstellung Ihrer Gesundheit tun.

Von schlechten zu guten Angewohnheiten

Unsere Ernährungsweise ist eine Sache der Gewohnheit. Wie jede Gewohnheit können wir daher auch diese verändern und beeinflussen. Oft ist es allerdings nicht leicht, sich schlechte Gewohnheiten abzugewöhnen, und dann benötigt man schon eine gewisse Willenskraft. Falsche Ernährung hat leider so viele negative Folgen für unser Wohlbefinden, unsere Fitneß, unser Aussehen und nicht zuletzt auch für unsere Psyche, daß es überaus empfehlens- und lohnenswert ist, notwendige Veränderungen vorzunehmen.

Übertreiben sollte man es dabei indes nicht, denn wichtig ist, daß Sie zunächst einen Schritt in die richtige Richtung machen. Wenn man sich von der Tendenz her auf eine gesündere, ballaststoff- und vitaminreichere sowie fettärmere und bekömmlichere Kost ausrichtet, ist bereits viel gewonnen. Es ist dann auch nicht weiter schlimm, wenn man zwischendurch einmal wieder in alte Ernährungsgewohnheiten verfällt und aus reiner Lust eine Tafel Schokolade verspeist. Aber die Richtung sollte stimmen.

Wie gesagt, benötigt unser Organismus eine große Anzahl verschiedener Nährstoffe, die wir ihm nur durch eine gesunde und vollwertige Ernährungsweise angedeihen lassen können. Um Ihnen einen Anhaltspunkt zu geben, werden wir daher die wichtigsten Nährstoffe und die besten Quellen für diese jeweiligen Nährstoffe kurz aufführen.

Die wichtigsten Nährstoffe, die wir durch die Nahrung zu uns nehmen sollten, sind Eiweiß, Kohlenhydrate, Fett, Vitamine, Mineralstoffe, Ballaststoffe und Wasser.

Eiweiß

Aus Eiweiß (Protein) werden unsere Körperzellen aufgebaut. Eiweiß muß ständig von außen zugeführt werden. Dabei sollten wir unseren Eiweißbedarf sowohl aus tierischer als auch aus pflanzlicher Kost decken, wobei besonders beim tierischen Eiweiß darauf zu achten ist, daß wir möglichst fettarme Nahrungsmittel wählen. Die tägliche Nahrung sollte zu etwa 30% aus Eiweiß bestehen. Bedenken Sie, daß ein Zuviel an Eiweiß in Körperfett umgewandelt wird. Wer viel Muskelmasse aufbauen will, benötigt relativ viel Eiweiß, wenn man jedoch Ausdauersportarten wie Walking betreibt, sollte man es mit der Eiweißzufuhr nicht übertreiben.

Als hochwertige Eiweißquellen sind zu empfehlen: magere Fleisch- und Fischsorten, magere Milch und magere Milchprodukte wie Magerquark oder Kefir, Vollkorngetreide, Nüsse, Hülsenfrüchte sowie verschiedene Gemüsesorten.

Kohlenhydrate

Kohlenhydrate liefern uns die nötige Energie und kommen hauptsächlich in pflanzlichen Lebensmitteln vor. Bei Kohlenhydraten kann man zwischen stärke- und zuckerhaltigen Nahrungsmitteln unterscheiden. Da Zucker zwar schnelle Energie liefert, darüber hinaus aber keine weiteren Nährstoffe enthält, sollten wir unsere Kohlenhydrate hauptsächlich aus stärkehaltigen und somit vitamin-, mineralstoff- und ballaststoffreichen Nahrungsmitteln gewinnen.

Die tägliche Nahrung sollte 50 bis 60% aus Kohlenhydraten bestehen, beim Ausdauersportler kann der Prozentsatz jedoch noch höher liegen.

Zu den besten Quellen für Kohlenhydrate zählen Obst, Gemüse, Salate, Vollkornprodukte und Kartoffeln.

Fett

Ebenso wie die Kohlenhydrate zählen auch die Fette zu den Energielieferanten. Zudem sind Fette notwendig, um die fettlöslichen Vitamine A, D, E und K zu transportieren. Da Fett besonders kalorienreich ist, kann übermäßiger Fettgenuß zu Übergewicht und erhöhtem Cholesterinspiegel und damit sogar zu Herz-Kreislauf-Erkrankungen führen.

Dennoch braucht der Mensch täglich eine kleine Menge Fett. Etwa 15% der täglichen Nahrung sollte aus Fett bestehen, wobei das Fett reich an mehrfach ungesättigten Fettsäuren sein sollte. Dies bedeutet, daß wir pflanzliche Fette vorziehen sollten, da tierische Fette überwiegend aus gesättigten Fettsäuren bestehen.

Günstige Fettquellen sind pflanzliche Öle (möglichst kaltgepreßt) wie Oliven-, Sonnenblumen-, Maiskeim- oder Distelöl, Butter, Nüsse und Avocados. Vorsicht ist bei versteckten Fetten geboten, die in Wurst, Fleisch, Mayonnaise, Schokolade, Torten usw. enthalten sind.

Vitamine

Die Vitamine, die vom Körper nicht selbst produziert und daher über die Nahrung aufgenommen werden müssen, erfüllen zahlreiche Aufgaben. Sie regeln verschiedene Stoffwechselvorgänge und sind für den Aufbau von Hormonen, Blutzellen und Enzymen ebenso wichtig wie für die Erhaltung von Gesundheit und Vitalität. Obwohl die Vitamine derzeit einmal wieder „in Mode“ gekommen sind, sollte man nun nicht damit beginnen, Vitamintabletten zu schlucken, da bei einer ausgewogenen, vollwertigen Kost keine Gefahr eines Vitaminmangels besteht. Für die Verhütung von Zivilisationskrankheiten haben sich inbesondere die Vitamine A, C und E als bedeutsam herausgestellt.

Vitamin A kommt in Leber, Käse, Hering, Butter, Milchprodukten, Möhren, Brokkoli, Tomaten, Spinat und Trockenaprikosen vor. Vitamin C findet man reichlich in Zitrusfrüchten, Kartoffeln, Kiwi, Johannisbeeren, Hagebutten, Paprika und Petersilie. Vitamin E ist enthalten in naturbelassenen Pflanzenölen, Eigelb, Weizenkeimen, Sojabohnen, Hülsenfrüchten, Vollkorngerichten und Samen.

Natürlich sind auch die Vitamine der B-Gruppe, Vitamin D, K, Niacin, Biotin, Pantothensäure und Folsäure für unsere Gesundheit von Bedeutung. Wenn wir uns aber vielfältig und ausgewogen ernähren, brauchen wir uns keine Sorgen um die Deckung unseres Vitaminbedarfs zu machen.

Mineralstoffe und Spurenelemente

Auch die Mineralstoffe und Spurenelemente sind an zahlreichen Lebensvorgängen in unserem Organismus beteiligt. Ebenso wie die Vitamine müssen auch die Mineralstoffe durch die Ernährung aufgenommen werden. Besonders für den Sportler ist die Zufuhr von Mineralstoffen durch eine vernünftige Ernährung von Bedeutung, da beim Schwitzen viele Mineralstoffe ausgeschieden werden. Zu den Mineralstoffen und Spurenelementen werden Natrium, Chlor, Kalium, Calcium, Phosphor, Magnesium, Eisen, Jod und Fluor gezählt.

Durch Kochsalz, Käse, geräucherte Waren und gesalzene Produkte können wir unseren Natrium- und Chlorbedarf decken, durch Milch, Käse, Nüsse, Gemüse und Fisch den Calcium- und Phosphorbedarf. Magnesium nehmen wir durch Hülsenfrüchte, Gemüse, Nüsse, Salat, Hefe und Milch zu uns, Eisen durch Leber, Fleisch, Pilze, Vollkornprodukte, Weizenkeime und frisches Gemüse. Jod ist enthalten in jodiertem Salz, Seefisch, Leber und Milch und Fluor in Fisch, Muscheln, Fleisch, Pilzen, Eiern, Nüssen und Gemüse. Der Kaliumbedarf wird durch Gemüse, Hülsenfrüchte, Obst, Nüsse, und Trockenfrüchte gedeckt.

Da der Mineralstoffbedarf auch beim Sportler im allgemeinen über die Ernährung ausreichend gedeckt wird, sollte man nur in Ausnahmefällen – etwa bei extremen Belastungen – zu Elektrolytgetränken greifen. Im übrigen genügt es, Mineralwasser und Obstsäfte zu trinken.

Wie Sie gesehen haben, ist eine vielseitige, vollwertige und ausgewogene Kost bestens dazu geeignet, Sie mit allen wichtigen Nährstoffen zu versorgen und Ihr Walking-Training optimal zu ergänzen. Falls Sie sich bisher ungünstig ernährt haben, so können Sie durch eine Ernährungsumstellung schon bald viele positive Veränderungen am eigenen Leibe erfahren. Um Ihnen bei der Umstellung der Ernährung behilflich zu sein, haben wir in den folgenden Tips noch einmal das Wichtigste zusammengefaßt:

10 Tips für die richtige Ernährung

1. Essen Sie mit Freude. Genießen Sie Ihre Nahrung und stellen Sie sie nach Ihren Bedürfnissen zusammen. Vermeiden Sie Radikalkuren und lassen Sie sich nicht von den zahlreichen Ernährungsfanatikern beeinflussen.
2. Essen Sie nicht zuviel. Um Ihren Bedarf an Nährstoffen zu decken, brauchen Sie relativ wenig Nahrung. Achten Sie eher auf die richtige Zusammenstellung. Wenn Sie besser und länger kauen, können Sie schneller satt werden und die Nahrung auch besser verwerten. Außerdem sollten Sie nicht zuviel auf einmal essen und die Nahrung lieber auf vier bis fünf kleinere Mahlzeiten verteilen.
3. Vermeiden Sie fette, schwerverdauliche Nahrung. Insbesondere tierische Fette wie Wurstwaren, fettes Fleisch, aber auch Mayonnaisen usw. sollten Sie drastisch reduzieren.
4. Ersetzen Sie „leere“ Kalorien in Weißmehl, Kuchen und poliertem, geschältem Getreide durch Vollkornbrot, Müsli, Vollkornreis und Vollkorngetreide, damit Sie genügend Ballaststoffe, Vitamine und Mineralstoffe aufnehmen.

5. Essen Sie möglichst wenig Zucker. Alle Süßigkeiten, Schokolade, Kuchen, Torten aber auch Limonaden etc. führen nicht nur zu Karies, sondern machen auch dick.
6. Trinken Sie nicht zuviel Alkohol. Ein Gläschen in Ehren . . . , aber vergessen Sie nicht, daß Alkohol Ihrer Leber, Ihren Gehirnzellen und Ihrem Immunsystem schadet, sich schlecht mit Sport verträgt und natürlich auch nicht gerade wenig Kalorien enthält.
7. Essen Sie täglich eine ausreichende Menge an Rohkost. Nur durch frisches Obst, Gemüse und Salate können wir den Vitaminbedarf optimal decken. Rohkost bringt uns schnelle Energie und macht uns schlank und fit. Auch empfiehlt es sich, öfter mal einen Rohkosttag einzulegen.
8. Meiden Sie Konserven und Nahrungsmittel, die mit zahlreichen Zusätzen „angereichert“ sind. Je frischer die Nahrung ist, desto mehr Nährwert weist sie auf. Wenn Sie es sich leisten können, sollten Sie biologisch angebaute Nahrung, die meist wesentlich weniger Schadstoffe enthält, zu sich nehmen.
9. Bereiten Sie Ihre Speisen schonend zu. Töten Sie die Vitamine und Vitalstoffe nicht durch lange Kochzeiten ab. Bevorzugen Sie statt dessen kurze Garzeiten mit wenig Wasser oder dünsten Sie Ihr Gemüse beziehungsweise braten Sie es nur kurz an.
10. Hören Sie auf Ihre Instinkte. Essen Sie nicht nach Plan, sondern bewahren Sie sich genügend Spontaneität. Oft zeigt Ihnen Ihr Körper ganz genau, was er braucht. Der Körper hat seine eigene Weisheit, die durch strenge Diätpläne oder feste Konzepte nicht mehr zum Zuge kommen kann. Experimentieren Sie mit den verschiedenen Nahrungsmitteln, spüren Sie die unterschiedliche Wirkung, die etwa der Genuß von Obst oder von Fleisch auf Körper, Gefühle und Geist haben, und verfeinern Sie Ihr Gespür für das, was für Sie richtig und vernünftig ist.

Walking und andere Sportarten

Walking können Sie zu „Ihrem“ Sport machen: Sie können dann sicher sein, eine Sportart auszuüben, die Ihrer Gesundheit in keiner Weise schadet, sondern sie verbessert. Sie wissen, daß Sie auch in höherem Alter Ihren Sport nicht aufgeben müssen, weil Ihre körperlichen Voraussetzungen es nicht mehr erlauben, sondern daß Sie ganz im Gegenteil mit zunehmender Übung, nahezu unabhängig vom Alter, immer mehr Freude am Walking haben werden. Sie können Walking als Ausgleichssport betreiben oder aber Ihre Fitneß und körperliche Leistungsfähigkeit mit Walking trainieren. Wenn es Ihnen also darum geht, eine Sportart zu finden, mit der Sie sich ohne großen Zeit- und Geräteaufwand und ohne allzuviel Schweiß zu vergießen fit und gesund erhalten können, dann haben Sie mit Walking diese Sportart gefunden. Und auch die Freude am Sport kommt beim Walking sicher nicht zu kurz.

Aber jeder Sport hat seine eigene Faszination. So vielseitig Walking auch ist – wenn Sie beispielsweise ein begeisterter Kampfsportler sind, wird Ihnen Walking die Freude an dieser Sportart natürlich nicht ersetzen können.

Aber auch wenn Sie „Ihre“ Sportart schon gefunden haben, werden Sie von Walking profitieren. Sie können unabhängig vom normalen Training Ihre Kondition steigern, Sie können Ihre Koordination verbessern, und Sie können den gesundheitlichen Gefahren, die in den meisten Sportarten vorhanden sind, vorbeugen oder manchmal sogar bereits entstandene Schäden rückgängig machen. In jedem Fall ist Walking eine ideale Ergänzung zu anderen Sportarten. Und mit Sicherheit gibt es keinen Sport, auf den sich Walking negativ auswirken würde.

Die körperlichen Belastungen und die Gefahren sind natürlich von Sportart zu Sportart verschieden. Es ist klar, daß man die besonderen Anforderungen beispielsweise von Skifahren und Schwimmen kaum miteinander vergleichen kann. Dennoch kann Walking zum Erfolg, zur Leistungssteigerung und zur Verminderung der Verletzungsgefahren in jeder Sportart beitragen – ganz einfach deshalb, weil man sich fit und elastisch hält.

Im Folgenden wollen wir nun auf einige verbreitete Sportarten genauer eingehen.

Leichtathletik

Zur Leichtathletik zählen die Disziplinen Laufen, Springen, Werfen und Stoßen. Diese vier Gruppen sind wiederum in viele Untergruppen aufgeteilt, so beispielsweise das Laufen in Hürdenlauf, 100m-Lauf, 400m-Lauf usw. All diese Disziplinien stellen ihre speziellen Anforderungen an den Sportler, und viele davon kennen wir bereits aus dem Schulsport, wo die Leichtathletik durch ihre Vielseitigkeit die Grundlage für viele andere Sportarten bildet.

Das Gebiet der Leichtathletik ist in der Tat so umfassend, daß man eigentlich von vielen verschiedenen Sportarten sprechen muß. Die Verletzungsgefahren sind in allen Sparten der Leichtathletik eher gering. Wenn die Bewegungsabläufe jedoch schnell, aber unkonzentriert aufgeführt werden, kommt es schon einmal zu Verstauchungen oder Verrenkungen.

Mit Walking können Leichtathleten ihre Koordination, besonders die der Bewegungsabläufe der Beine, erhöhen. Für das Walking-Training empfiehlt sich eine mittlere Gehgeschwindigkeit und besondere Konzentration auf die Bewegung in den Fußgelenken, die in der Leichtathletik am häufigsten von Verletzungen betroffen sind.

Von den Workouts eignen sich alle Übungen für die Ergänzung Ihres Leichtathletik-Trainings. Es kommt dabei aber natürlich auch auf Ihre Spezialdisziplin an. Als Sprinter werden Sie mit dem Condition Workout Ihre Sprintleistung nicht verbessern, aber dafür möglicherweise einen guten Ausgleich zu Ihrem Training haben.

Schwimmen

Schwimmen fordert vom Sportler eine besonders gute Kondition. Vom gesundheitlichen Standpunkt aus ist Schwimmen eine ausgezeichnete Sportart, die besonders dem Rücken zugute kommt. Eine Gefahr, sich beim Schwimmen zu verletzen, besteht praktisch nicht.

Lediglich die Beinmuskulatur ist beim Schwimmen etwas unterfordert. Als Ergänzungstraining für diesen Mangel bietet sich Walking an.

Für den Schwimmsportler ist besonders die Möglichkeit interessant, mit Walking an der frischen Luft seine Kondition zu verbessern und die Atmung zu vertiefen.

Von den Workouts eignet sich natürlich ganz besonders der Condition Workout, bei dem Sie nicht nur an Ihrer Kondition arbeiten, sondern auch die weniger beanspruchte Beinmuskulatur trainieren.

Kampfsport

In den letzten Jahrzehnten haben sich die asiatischen Kampfsportarten bei uns rasant verbreitet. Zu den Kampfsportarten zählen die „weichen" Kampfkünste Judo und Aikido sowie „harte" Techniken wie Karate oder Taekwondo. Das Risiko von Verletzungen ist zwar nicht so groß, wie von Laien meist angenommen wird, aber doch überdurchschnittlich hoch. Besonders Zerrungen, Verstauchungen oder Kapselverletzungen kommen relativ häufig vor.

Wichtig ist gerade bei den Kampfsportarten eine sehr gute Koordination und vor allem die Flexibilität der gesamten Muskulatur. Beim Wettkampf ist natürlich auch eine ausgezeichnete Kondition von Bedeutung.

Beim Walking-Training für Kampfsportler sind ein schnelles Tempo – für die Kondition – und das Gehen in unebenem Gelände – um die richtige Reaktion auf wechselnde Belastungen zu üben – empfehlenswert.

Der Power Workout und der Step Workout eignen sich besonders gut, da sie die Fähigkeiten, die ein Kampfsportler benötigt, unterstützen.

Ballsportarten

Ballsportarten wie Handball, Basketball, Volleyball und natürlich „König" Fußball gehören zu den beliebtesten Sportarten überhaupt, da sie das sportliche Training mit spielerischen Aspekten verbinden. Zu den Ballsportarten gehört aber naturgemäß auch der Wettkampf und damit der Ehrgeiz zu gewinnen. Jeder versucht sein Bestes zu geben – und das ist oft die Gesundheit. Die Verletzungsgefahr bei den Ballsportarten ist relativ hoch, insbesondere beim Fußball und Handball.

Auch in den Ballsportarten spielt die Kondition eine entscheidende Rolle – der beste Torschütze kommt nicht zum Zug, wenn er nicht den Lauf über das Spielfeld schafft. Die Kondition ist außerdem wichtig, um Verletzungen vorzubeugen, die besonders dann auftreten, wenn man bereits erschöpft ist.

Mit Walking können Sie sich die notwendige gute Kondition aufbauen, auch wenn Sie nur einmal in der Woche zum Fußballspielen gehen. Wählen Sie ein mittleres bis schnelles Tempo.

Für Ballsportler hat sich der Step Workout als ideale Ergänzung zum normalen Training gut bewährt.

Skifahren

Skifahren ist ein typischer Saisonsport. Typisch sind aber leider auch die Verletzungen von Skifahrern, die sich in den Wintermonaten häufen: Arm- und Beinbrüche und ganz besonders Knieverletzungen.

Der Grund für diese Verletzungen liegt meist darin, daß sich auch Menschen, die sonst sportliche Betätigungen eher vermeiden, auf die Bretter wagen und sich dabei dann leicht überschätzen. Die untrainierte Muskulatur kann die Belastungen nicht gut genug abfangen; das gilt ganz besonders für den Rücken, der beim Skifahren sehr starken Belastungen ausgesetzt ist. Allerdings können durchaus auch sportliche Menschen in bezug auf das Skifahren untrainiert und somit gefährdet sein.

Die beste Vorbeugung vor Verletzungen ist eine gute Vorbereitung durch angemessene Skigymnastik. Walking können Sie als eine Art ganzjährige „Skigymnastik" betreiben, um das Risiko beim Skifahren zu vermindern. Dabei sollten Sie sich besonders auf die Bewegungen in den Knien konzentrieren, die beim Skifahren häufig in Mitleidenschaft gezogen werden.

Vor allem der Step Workout eignet sich gut für das Training außerhalb der Saison. Sie trainieren damit Ihre Koordinationsfähigkeit, die Sie beim Skifahren benötigen, um die Verletzungsgefahr möglichst gering zu halten.

Bodybuilding

An Muskulatur fehlt es Ihnen gewiß nicht, wenn Sie regelmäßig Bodybuilding betreiben. Allerdings wird bei dieser Sportart oft der Bewegungsaspekt vernachlässigt. Um wirklich rundum fit zu sein und sich in seinem Körper wohl zu fühlen, ist eine gute, koordinierte Bewegungsweise aber ebenfalls nötig. Außerdem kommt beim Bodybuilding oft die Kondition zu kurz.

Mit Walking können Sie Ihr Bodybuilding ideal vervollständigen. Im Walking wird auch die Bewußtheit der Bewegungen gefördert, und so werden Sie beim Krafttraining Ihre Bewegungen bewußter und effektiver ausführen können und nebenbei Ihre Kondition verbessern, ohne dafür viel schwitzen zu müssen.

Durch die vertiefte Atmung beim Walking wird übrigens auch der Aufbau einer gesunden Muskulatur gefördert.

Als Kraftsportler sollten Sie abwechselnd mit dem Condition Workout und dem Power Workout trainieren; am besten *vor* dem Krafttraining.

Tennis

Seit Boris Beckers Sieg in Wimbledon 1985 haben immer mehr Menschen zu diesem schönen Sport gefunden. Tennis ist für junge wie für ältere Menschen gut geeignet.

Die schnellen Spurts beim Tennis stellen jedoch eine ziemliche Belastung für Fußgelenke und Knie dar, ganz besonders dann, wenn der Fuß nicht richtig aufgesetzt oder bei Drehungen das Knie beansprucht wird.

Mit Walking können Sie Verletzungen beim Tennis gut vorbeugen und Ihre Spielstärke und Kondition verbessern. Außerdem belastet Walking die Gelenke nicht zusätzlich.

Beim Walking-Training sollten Sie nicht so sehr auf die Geschwindigkeit achten, sondern Ihre Konzentration besonders auf die Bewegungen der Knie und Fußgelenke richten.

Für Tennisspieler empfiehlt sich vor allem der Step Workout.

Kapitel 8: Walking – ein Weg zu einem neuen Leben

Walking und Naturerleben

Unsere Zivilisation und unsere Lebensgewohnheiten bringen es leider auch mit sich, daß wir uns immer mehr von der Natur in ihrer ursprünglichen Form entfremden. Kinder, die in der Stadt groß werden, kennen heute kaum noch die verschiedenen Bäume, Tiere oder Pflanzen mit Namen und haben sie oft sogar noch nie gesehen. Damit einher geht die Zerstörung der Nautr, die um so weniger auffällt, je weniger wir die Natur kennen.

Walking findet in der Natur statt. Beim Walking bewegen wir uns auf angemessene Art und Weise, relativ langsam und mit eigener Kraft, durch unsere Umwelt – statt mit dem Auto vorbeizurasen. Selbstverständlich ist das auch beim Spazierengehen oder Wandern der Fall, doch beim regelmäßigen Walking-Training sind wir jeden Tag, wenn auch nur relativ kurz, zu Fuß unterwegs.

Gerade aber die tägliche Erfahrung führt uns zu einem tieferen Verständnis – das gilt in jedem Bereich. Alles, was wir regelmäßig tun, verinnerlichen und festigen wir in uns. Lernen wir beispielsweise eine Fremdsprache, so ist es wesentlich sinnvoller, eine halbe Stunde pro Tag zu lernen, anstatt nur am Wochenende und dafür dann fünf Stunden hintereinander.

Durch das tägliche Erleben unserer Umwelt – ob das nun ein Wald, ein Park oder auch nur die vereinzelte Grünfläche im grauen Straßendschungel einer Stadt ist – nehmen wir allmählich die Zusammenhänge, Besonderheiten, das Schöne und das Häßliche, die Veränderungen und das, was bleibt, wahr. Und indem wir die alltäglichen Dinge um uns herum immer bewußter erkennen, wird sich auch unsere Beziehung zu diesen Dingen verändern.

Wenn Sie beispielsweise jeden Morgen durch Ihren Stadtpark walken, werden Sie vielleicht schon beim ersten Mal feststellen, daß die Luft dort besser ist. Sie sehen einige Bäume, Sträucher, Vögel und andere Tiere, die Sie im Vorübergehen bemerken und gleich wieder vergessen. Beim nächsten und übernächsten Walking bemerken Sie wahrscheinlich schon einige Dinge, die Ihnen vertraut erscheinen. Sie nehmen den Park gewissermaßen in sich auf, und er wird Ihnen ein guter Bekannter.

Im Laufe der Zeit werden Sie immer mehr Dinge beim Walking entdecken und sich fragen, wie es sein konnte, daß Sie sie zuvor nicht bemerkten. Jede dieser Entdeckungen wird Sie mehr mit der Natur verbinden, und dies wird Ihnen ein Gefühl der Freude vermitteln, das Ihnen Kraft für den Alltag gibt und in Ihnen das Bewußtsein weckt, daß es auch noch etwas anderes und Tiefsinnigeres gibt als den gewohnten Trott des Alltags.

Eine gute Art und Weise, sich die Natur beim Walking zu erschließen, ist der Urlaub. Sie können frei über Ihre Zeit verfügen, Ihren Tagesablauf selbst bestimmen. Sie stehen auf, wann Sie wollen, und gehen zu Bett, wann es Ihnen angenehm ist. Und Sie haben die Möglichkeit, Neues auszuprobieren.

Wenn Sie ein „Morgenmuffel" sind, machen Sie doch einmal den Versuch, wirklich früh aufzustehen – am besten kurz vor Sonnenaufgang – und ohne große Vorbereitungen ein wenig Walking zu betreiben. Verschieben Sie die Entscheidung, ob Sie das Frühaufstehen „wagen" sollen, nicht auf den nächsten Morgen, sondern nehmen Sie es sich schon am Abend vor.

Ob Sie nun am Meer, in der Wüste oder im Gebirge sind: Wenn Sie die frühen Morgenstunden erleben, sich dabei bewegen und tief atmen, werden Sie bestimmt ein sehr gutes Gefühl dabei haben. Sollten Sie auch noch einen Sonnenaufgang erleben, werden Sie dieses Erlebnis so schnell nicht wieder vergessen.

Sicher, wenn Sie nun einmal kein Frühaufsteher sind, werden Sie dies wohl nicht zur Gewohnheit werden lassen. Und Sie können sich jederzeit, wenn Sie von Ihrem Walking-Ausflug zurück sind, wieder ins Bett legen und weiterschlafen. Aber Sie sind um eine schöne Erfahrung reicher.

Die Morgenstimmung in der Natur birgt etwas ganz Besonderes – aber natürlich müssen Sie nicht nur am Morgen Ihr Walking-Training durchführen.

Sie können am Strand walken, statt in der Sonne zu liegen. Damit tun Sie nicht nur Ihrer Gesundheit etwas Gutes, sondern Sie werden noch schneller und nahtloser braun – wenn Ihnen daran etwas liegen sollte. Tatsächlich ist Walking auch erholsamer, als einfach nur dazuliegen; das werden Sie schon nach Ihrem ersten Walking-Ausflug spüren!

Vielleicht klingen diese Ausführungen ein wenig theoretisch in Ihren Ohren. Aber die Praxis kann man nur durch Ausprobieren an sich selbst erfahren.

Walking und Meditation

Vielleicht erstaunt es Sie zu hören, daß Walking auch als Meditationsübung betrachtet werden kann. Ist Meditation nicht etwas Weltfremdes, Mystisches, Religiöses, Esoterisches, nur etwas für Spinner oder „Heilige"?

Über das, was Meditation eigentlich ist, gibt es immer noch die seltsamsten Vorstellungen. Dabei ist Meditation etwas völlig Natürliches. Jeder Mensch befand sich schon in meditativen Zuständen.

Sicherlich haben auch Sie schon einmal einer schönen Musik so intensiv gelauscht, daß Sie alles um sich herum vergaßen? Oder Sie haben ganz intensiv an etwas gedacht, so intensiv, daß daneben keine störenden Gedanken Platz hatten? Oder haben Sie schon einmal an einem Marathonlauf teilgenommen und sind dabei nach einer Weile an einen Punkt gekommen, an dem Ihre Gedanken nur auf den nächsten Schritt achteten und auf nichts anderes? Dann sind Sie zumindest für kurze Zeit in einem meditativen Zustand gewesen. Besonders Kinder erleben solche Zustände sehr häufig, wenn sie ganz konzentriert und in ihre Spiele vertieft sind.

Diese unwillentlichen Meditationen sind, wie gesagt, völlig natürlich und kommen bei allen Menschen vor. Aber sie treten eben nur relativ selten auf, vor allem wenn wir erwachsen und von allerlei Sorgen und Bedenken geplagt sind. Wir können aber durchaus lernen, uns in Meditation zu begeben.

Wenn Sie noch keine Erfahrungen mit Meditation gemacht haben, werden Sie nun verständlicherweise die Frage stellen, wozu man denn überhaupt meditieren sollte.

Doch wollen wir zunächst klären, was Meditation überhaupt ist.

Betrachten wir uns dazu einmal unser Bewußtsein im Wachzustand. Wir denken, fühlen und nehmen Dinge in unserer Umgebung wahr. Dabei herrscht ein ziemliches Durcheinander, durch das sich, wenn wir beispielsweise über etwas nachdenken, ein einzelner Gedanke wie ein roter Faden zieht. Doch läuft dieser Faden nicht gerade, sondern über viele Umwege. Andere Gedanken, Gefühle und Wahrnehmungen kreuzen ihn, unterbrechen ihn kurz, lenken ab und fügen etwas hinzu. Das alles geschieht ohne unser Zutun, unwillentlich.

Je stärker wir unwillentliche Gedanken ausblenden können, desto stärker konzentrieren wir uns. Doch es erweist sich als geradezu unmöglich, sich ausschließlich auf eine Sache zu konzentrieren. Noch schwieriger ist es, sich auf etwas *nicht* zu konzentrieren. Es ist ein bekannter Witz, jemanden aufzufordern: „Denke die nächsten 30 Sekunden nicht an einen rosa Elefanten!"

Gerade wenn wir uns um etwas oder jemanden sorgen, wenn uns eine fixe Idee im Kopf herumgeht, wenn Gefühle in uns aufwallen, zeigt sich die scheinbare Unmöglichkeit, diese auch nur für kurze Zeit abzulegen. Wenn wir dann auch noch eine wichtige Arbeit vor uns haben, kann das ziemlich lästig sein. Aber es fällt uns kaum auf, da wir es so gewohnt sind.

Die Meditation ist nun ein Zustand, in dem diese unwillentlichen, aus dem Unterbewußtsein aufsteigenden Gefühle und Gedanken aus dem Bewußtsein ausgeschlossen sind. Die Hektik und das Wirrwarr in unserem Kopf kommen zur Ruhe.

Die Auswirkungen regelmäßiger Meditation kann jeder an sich selbst erfahren. Die Konzentrationsfähigkeit wird besser, die geistige Leistung steigt, man wird gelassener und ruhiger und hat mehr

Energie zur Verfügung, im geistigen wie im körperlichen Bereich. Die Wahrnehmung wird intensiver: Farben erscheinen leuchtender, Klänge deutlicher, und das Tastempfinden wird sensibler. Auch Vorgänge im eigenen Körper werden klarer wahrgenommen. Seelische Verspannungen lösen sich auf, und Probleme, die vorher überwältigend schienen, lassen sich leichter überwinden.

Die gelassenere, entspanntere Haltung ist schon für sich allein sehr wertvoll, besonders in unserer hektischen Zeit. Was jedoch medizinische Untersuchungen auf dem Gebiet der Psychosomatik entdeckt haben, ist ebenso wichtig und interessant: Eine entspannte und gelassene Geisteshaltung, wie sie durch Entspannungsübungen, Autogenes Training, Yoga oder Meditation erreicht wird, wirkt sich auf die Funktion unseres Immunsystems äußerst günstig aus! Das Risiko, an Infektionen zu erkranken, sinkt um 50–60% und die Wahrscheinlichkeit, Krebs zu bekommen, um 40%.

Aber wie meditiert man nun? Es gibt mehrere Möglichkeiten, in einen meditativen Zustand zu gelangen. Die für den Neuling einfachste Methode ist die konzentrative Meditation, die sich auch in Verbindung mit Walking eignet.

Bei konzentrativer Meditation wird die Aufmerksamkeit auf eine gleichbleibende Handlung, ein Bild, einen Gegenstand oder einen Körperteil gerichtet.

Für die Walking-Meditation bieten sich vor allem zwei Möglichkeiten an: die Atmung und der Bewegungsablauf. Sie probieren am besten aus, was Ihnen persönlich mehr liegt. Sie können auch beides miteinander verbinden.

Bei der Meditation auf die Atmung beginnen Sie damit, einfach Ihre Atemzüge zu zählen: einatmen – eins – ausatmen – eins – einatmen – zwei – ausatmen – zwei . . . Wenn Sie beim zehnten Atemzug angelangt sind, beginnen Sie wieder bei eins. Jedesmal wenn Sie merken, daß Ihre Gedanken abschweifen, kehren Sie ganz bewußt wieder zur Atmung zurück und fangen wieder an zu zählen.

Wenn Sie mit dieser Methode etwas Erfahrung gesammelt haben, können Sie damit beginnen, sich auf den Atemvorgang an sich zu konzentrieren. Versuchen Sie, zu spüren, wie die Luft in Ihre Nasenlöcher einströmt, durch Ihre Luftröhre und schließlich in die Lunge gelangt. Achten Sie darauf, wie sich der Sauerstoffschub in Ihrem Körper auswirkt.

Die Meditation auf die Bewegung beim Walking eignet sich ebenso gut für den Anfänger wie das Atemzählen. Am besten beginnen Sie auch hier mit dem Zählen, diesmal zählen Sie Ihre Schritte bis hundert, bevor Sie wieder von vorn beginnen. Später sollten Sie sich dann auf die Bewegung selbst konzentrieren; zunächst die Bewegung der Beine, dann aber allmählich die des ganzen Körpers. Natürlich gilt auch hier, daß Sie jedesmal, wenn Sie bemerken, daß Ihre Gedanken nicht mehr bei der Sache sind, wieder ganz bewußt zur Meditation zurückkehren.

Eine weitere, sehr wirkungsvolle Meditationstechnik ist eine Verbindung aus Atem- und Bewegungsmeditation, die gleichzeitig auch eine gute atemtherapeutische Übung darstellt. Dabei verknüpfen Sie Ihre Schritte fest mit der Atmung. Die Ausatmung sollte länger dauern als die Einatmung.

Als Anfänger zählen Sie die Schritte: einatmen – eins – zwei – drei – vier – ausatmen – eins – zwei – drei – vier – fünf – sechs – sieben – acht. Dann beginnen Sie von vorn.

Wenn Ihnen dies leicht fällt, können Sie zwischen Ein- und Ausatmen eine Pause einschieben. Zählen Sie mit den Schritten: einatmen – eins – zwei – drei – vier – Atem anhalten – eins – zwei – drei – vier – ausatmen – eins – zwei – drei – vier – fünf – sechs – sieben – acht.

Zuerst werden die Momente, in denen Sie sich in einem meditativen Zustand befinden, nur kurz und eher selten sein. Mit zunehmender Übung werden diese Phasen immer länger und häufiger, und Sie werden die ersten positiven Auswirkungen der Meditation spüren. Wenn Sie jedoch wirklich jeden Tag nur für eine Viertelstunde Meditations-Walking üben, können Sie nach spätestens einem Monat bewußt und relativ schnell in die Meditation eintreten, und Sie werden die Meditation zu einem festen Bestandteil Ihres Lebens machen, zu einem ruhenden Pol in der Hektik des Alltags.

Walking und Kreativität

Malen Sie, schreiben Sie Gedichte oder komponieren Sie? Oder sind Sie auf eine andere Art und Weise kreativ tätig? Dann kennen Sie wohl auch Zeiten, zu denen es Ihnen an Inspiration und Einfällen mangelt. Das ging auch so verschiedenen Berühmtheiten wie Goethe, Kant, Caspar David Friedrich, Simone de Beauvoir oder Picasso nicht anders. Die eben Genannten hatten aber alle ein Rezept dagegen: sie wanderten.

Aber Sie müssen natürlich kein Künstler sein, um Ihre Kreativität mit Walking zu steigern. Jeder Mensch ist auf irgendeinem Gebiet kreativ. Kreativ sein heißt nichts anderes, als Ideen zu haben und sie auszuprobieren. Sie können bei der Erziehung Ihrer Kinder kreativ sein, bei der Einrichtung Ihrer Wohnung, bei der Wahl Ihrer Kleidung, an Ihrem Arbeitsplatz usw.

Wenn Sie mit Walking beginnen, geht es Ihnen vielleicht wie vielen berühmten Persönlichkeiten der Geschichte, Politikern, Künstlern, Wissenschaftlern und Forschern, die alle die gleiche Erfahrung machten: Die besten Einfälle kommen beim Gehen.

Die Gründe dafür sind vielfältig.

Allein der Ortswechsel vom Büro, Atelier oder Arbeitszimmer nach draußen in die Natur bringt neue Anregungen. Andere Geräusche, Farben und andere Formen erreichen das Bewußtsein und lösen dort Assoziationen und neue Gedankengänge aus.

Die stetige, gleichmäßige Bewegung beim Gehen beruhigt zudem die Hektik der Gedanken und bahnt den Weg für neue Einfälle. Wir haben bereits gesagt, daß Walking eine Art Meditation ist; und ein Ergebnis der Meditation ist eben auch eine erhöhte Kreativität.

Es gibt außerdem sogar physiologische Gründe, weshalb die Kreativität durch Walking gesteigert werden kann. Einer dieser Gründe ist die zunehmende Sauerstoffaufnahme und somit bessere Sauerstoffversorgung des Gehirns.

Alle diese Faktoren wirken zusammen. Probieren Sie es aus: Auch Sie können mit Walking Ihre Kreativität steigern!

Versuchen Sie es doch einmal anhand eines konkreten Problems, das Sie bewältigen wollen. Nehmen Sie sich mindestens eine Stunde Zeit.

Beginnen Sie, indem Sie sich eine ganz bestimmte Frage stellen – das ist wichtig, denn wenn schon die Frage nicht klar ist, kann man es von der Antwort natürlich erst recht nicht verlangen. Formulieren Sie diese Frage, als würden Sie nicht sich selbst, sondern jemand anderen fragen.

Dann beginnen Sie mit Walking in Ihrem normalen Trainingstempo; Sie sollten nicht langsamer walken als sonst, da dann Ihre Gedanken nicht ausreichend abgelenkt werden. Versuchen Sie nicht, während des Walking über die Frage nachzudenken – erzwingen können Sie nichts!

Doch die Erfahrung zeigt, daß nach einem solchen „Kreativ-Walking" manchmal die verblüffendsten Ideen und Lösungen aus dem Unterbewußtsein auftauchen.

Nutzen Sie Walking als Quelle Ihrer Kreativität!